B. Hiltl

SCHANTALL, TU MA DIE OMMA WINKEN!

KAI TWILFER

SCHANTALL, TU MA DIE OMMA WINKEN!

AUS DEM ALLTAG EINES UNERSCHROCKENEN SOZIALARBEITERS

SCHWARZKOPF & SCHWARZKOPF

INHALT

DAS WORT DAVOR

Es ist etwa ein Jahr her, dass sich mein Leben nicht nur plötzlich, sondern auf einschneidende Art und Weise verändert hat. Und daran bin ich nicht ganz unschuldig, obwohl die Hauptprotagonisten, die mir das Ganze eingebrockt haben, ganz andere sind. Ganz *andere* im wahrsten Sinne des Wortes, denn es geht um den außergewöhnlichen Familienklan der Pröllmanns, mit dessen Lebenswelt ich bis dato ungefähr so viel zu tun hatte wie mit der des Arara-Ukarãngmã-Volkes im Amazonas-Gebiet.

Es war eine außergewöhnliche Schnapsidee, mit der die Stadtverwaltung im vergangenen Jahr an die kommunale Kulturbehörde, in der ich nun schon seit vielen Jahren als Zuständiger für das örtliche Theater arbeitete, herantrat. Es wurde von oberster Instanz angeordnet, dass Mitarbeiter diverser Behörden bei uns im Ort Einblicke in andere, völlig fremde Institutionen der hiesigen Stadtverwaltung erhalten sollten. Mit anderen Worten: ein Berufstausch auf Zeit, um mal zu sehen, wie es in anderen Behörden so abläuft. Nicht ganz wie die Fernsehsendung *Frauentausch* bei RTL II, aber dem Ganzen schon sehr nahekommend.

Dass ich beim kulturbürointernen Streichholzziehen dann das kürzeste Exemplar zog und auf mich das städtische Sozialamt wartete, ging mir anfangs zwar sehr gegen den Strich, hat sich aber mittlerweile als Glücksfall entpuppt. Unter keinen anderen Umständen wäre es mir wohl sonst geglückt, den bezaubernden und zugleich etwas kurios gepolten weiblichen Abkömmling der Familie Pröllmann namens Schantall kennenzulernen. Sogar die Jugendsünde der studierten vier Semester Sozialpädagogik schien nun plötzlich einen Sinn zu ergeben.

Ich heiße übrigens Jochen und bin also, wie schon erwähnt, seit rund einem Jahr Sozialarbeiter in einer mittelgroßen

Stadt im Ruhrgebiet. Seit dem Wechsel in diese Berufssparte habe ich es mir abgewöhnt, meinen Nachnamen zu nennen, denn schließlich haben ja irgendwie alle Sozialarbeiter nur Vornamen. Gunnar oder Tillmann zum Beispiel. Mathelehrer, Chefsekretärinnen und Kassiererinnen scheinen dagegen nur Nachnamen zu haben (»Frau Peters, kommst du mal bei Kasse 3?«).

Als verheirateter Familienvater zweier pubertierender Töchter ist mir die alltägliche Sozialarbeit mit weiblichen Problemfällen zwar durchaus geläufig, aber ich hätte mir in meinen schon knapp 44 Lebensjahren nie träumen lassen, dass ich einmal so verrückt wäre, einen leitenden, sicheren und besser bezahlten Posten in meiner Behörde endgültig aufzugeben, um mich um die Probleme anderer Familien zu kümmern. Und alles nur wegen Schantall. Sie war vor einem Jahr gleich mein erster und nun immer noch andauernder Härtefall als Sozialarbeiter. Ich wurde ihr und ihrer Familie zugeteilt, um allen Beteiligten ein wenig unter die Arme zu greifen, da soziale Schieflage drohte. Obwohl ich an dieser Aufgabe immer wieder grandios scheiterte, bin ich mittlerweile komplett zum Sozialarbeiter mutiert und möchte keinen einzigen Tag mehr an meinem alten muffigen Schreibtisch im Kulturbüro verbringen.

Doch wer ist eigentlich diese Schantall, von der hier nun bereits die Rede ist? Und überhaupt: Schantall? Schreibt man das nicht »Chantal«? Aus dem Lateinischen abstammend bedeutet der französische Name Chantal in etwa so viel wie »die Singende«, was ein erster Hinweis sein könnte, warum ausgerechnet die »Schantalls« der deutschen Amateurgesangswelt die Superstarbühnen von Bohlen und Co bevölkern.

Der Name »Schantall« ist also Sinnbild für ein Phänomen, das Deutschland in den letzten zwanzig Jahren immer stärker heimgesucht hat: der Trend des Kevinismus (und Chantalismus), der anscheinend krankhafte Zwang auffallend vieler Eltern, ihrem Nachwuchs sozialunverträgliche Vornamen mit auf den Lebensweg zu geben. Schanaia Butzkowski, Zoe-Isabeau Zawatzki oder Kimberley Müller sind da einige Beispiele unter vielen.

Das soll nicht heißen, dass diese Namen nichts Zauberhaftes an sich hätten oder alle, die genauso oder ähnlich heißen, sich in diesem Buch zwangsläufig wiederfinden werden. Es geht mir vielmehr darum, das Bild eines überaus faszinierenden Menschenschlags zu zeichnen, der seine Kinder eben lieber Samantha und Dustin nennt statt Anna-Sophie oder Maximilian.

Dass Schantall und ihre Familie ebenfalls bekennende Kevinisten sind, war mir zu Beginn meiner Karriere als Sozialarbeiter zunächst gar nicht bewusst, da es für mich keinen Unterschied machte, ob jemand nun Bernd oder Monika oder eben Justin oder Jacqueline hieß. Wie ich dann recht schnell feststellen sollte, hat diese spezielle Gesellschaftsschicht der Cindys und Jasons aber tatsächlich einige interessante und oft tragikomische Eigenheiten und Gewohnheiten, die ich nun gesammelt ans Licht befördern möchte.

Es treffen ja täglich Menschen verschiedener Gesellschaftsschichten aufeinander, beim Einkaufen, auf der Straße oder in der Diskothek. Hier begegnet Burkhard der Eileen und Kevin der Konstanze. Auf dem Papier sind alle gleich. Erst durch ihr Reden und ihr Handeln zeigt sich, inwiefern sie sich ähnlich oder doch total verschieden sind.

Begleiten Sie mich nun in meinen Berufsalltag und folgen Sie mir in die Abenteuerwelt von Schantall und ihrer Familie. Genießen Sie als stiller Beobachter einen faszinierenden Blick in einen komplett anderen Kosmos, den Sie täglich so oder so ähnlich draußen am Alltagshimmel beobachten können, und fragen Sie sich doch hin und wieder mal, wie viel Schantall bereits in Ihnen steckt.

1. KAPITEL

SHOPPINGWAHN UND HÄNGEBOMMEL

Eine der beliebtesten Freizeitaktivitäten der jungen Schantall Pröllmann war im vergangenen Jahr die des Shoppens. Und so war es fast naheliegend, dass Schantall an diesem beschaulichen und bis auf einhunderttausend anderer Personen fast menschenleeren Advents-Samstagmorgen auf die glorreiche Idee kam, zusammen mit ihrer langjährigen Freundin aus Kindertagen, Cheyenne, einen gemütlichen Bummel durch eines der größten Einkaufszentren des Ruhrgebiets zu machen. Ihr Sohn Justin (hier vereinfacht »Tschastin« genannt) benötigte eine neue Mütze mit Hängebommeln in Blau, weil die cool aussah und der heimatstädtische Textil-Billigmarkt in Bochtrop-Rauxel schon die ganze Woche wegen eines Wasserschadens geschlossen hatte.

Der alte Toyota Corolla, den Schantall sonst freundlicherweise von ihrer Mutter Hildegard nutzen durfte, war seit gut einer Woche in der Hinterhofwerkstatt von Werner Krumpmann und würde wahrscheinlich als Totalschaden in den kommenden Wochen ein Fall für die Versicherung werden. Ein plötzlich einsetzender Glatteisregen, wie er im Dezember höchst selten vorkommt, war schuld daran, dass sich Schantall genau 14 Tage vorher auf dem Parkplatz des örtlichen Baumarktes einen folgenschweren Unfall leistete. Die von ihrem Cousin Marvin als tauglich befundenen Sommerreifen sorgten in Kombination mit ein wenig zu viel Gas und einer schnell springenden Kupplung dafür, dass sich besagter Corolla nach einem kurzen Kickstart mit anschließender Drehung seitlich parkend im Schaufenster des Baumarktes wiederfand. Die dadurch umherfliegenden Streusalzsäcke, die letztlich geöffnet auf der Auslage eines ansässigen Bäckers landeten, waren dem lokalen Werbeblättchen sogar einen Bericht auf der Hauptseite wert.

Doch zurück zum aktuellen Fahrzeug. Schantall wurde aufgrund ihres berühmten Dackelblickes von ihrem Bruder Jason mit seinem mattschwarz nachlackierten 3er-BMW ausgestattet, der ihr trotz Winterreifen samt Alufelgen ihr ganzes kaum ausgeprägtes fahrerisches Können abverlangte. Schließlich war das Ziel der Family-Parkplatz auf dem obersten Parkdeck, der einem weite Wege ersparte und der mit High Heels ausgestatteten Schantall bei Glatteis ein geringeres Risiko bescherte, sich vor versammelter Mannschaft ordentlich auf die Fresse zu legen.

Der Weg zum Einkaufszentrum war im Ruhrgebiet dank perfekt vernetzter Autobahnen samt zahlreicher Ausfahrten innerhalb der Spieldauer eines Hitmixes-XXL vom Wendler durchaus zügig zu bewerkstelligen – und das trotz immer noch spiegelglatter Straßen.

Was soll man auch machen? Der gute alte Stadtteil, in dem man nun schon seit Jahren wohnt, ist ausgestorben, und die blaue Mütze mit Hängebommeln ist nicht nur cool, sondern mit 1,95 Euro ja auch extrem billig. Da geben die bereits verballerten 8,90 Euro für Sprit und Verschleiß des Autos höchstens Anlass, auch noch mal nach einem passenden und wahrscheinlich nicht benötigten Kleidungsstück für Schantall zu schauen.

Nachdem das Fahrzeug mit den getönten Rückscheiben und überdimensionalem »meisterJäger«-Aufkleber nun sicher geparkt worden war, bemühte sich Schantalls Freundin Cheyenne, gleichzeitig ihr Handy aus ihrer Handtasche und mit der anderen Hand das »Caxi Mosi«-Babymobil aus dem Kofferraum zu wuchten. Oder wie heißen die Dinger noch gleich?

Schantall war über diesen fingertechnischen Spagat nicht sehr erfreut, da sie schließlich immer noch mit der Entgurtung von Tschastin beschäftigt war, der es geschafft hatte, mit einer halben Tüte Toffeebonbons den Gurt so fest an seinen Kindersitz zu kleben, dass Schantall bereits hier zum ersten Mal recht entnervt ihre Freundin Cheyenne anraunzte.

»Boah, Cheyenne! Kannse vielleicht ma den River-Cola anne Seite nehmen, damit ich den Tschastin ma von Gurt machen kann?«

Nach getaner Arbeit und erfolgreichem Verladen des Kleinen in den Kinderwagen ging es nun also für beide zusammen mit Tausenden Geschenksuchern in die pralle Erlebniswelt des Konsums. Getreu dem Motto: »Wenn wir schon keine Kohle besitzen, dann können wir sie auch nicht vermissen, wenn wir sie ausgegeben haben.« Konsum, wir kommen!

Nach der entspannten Kurztour mit dem dünnbereiften Kinderwagen durch metertiefen Schnee zur Haupteingangspforte des Einkaufszentrums fand Schantall nun auch endlich die Gelegenheit, sich eine Zigarette anzuzünden. Der Kinderwagen samt Sohn Tschastin war leihweise in den Besitz ihrer Freundin Cheyenne übergegangen, die sich ja ohnehin bereits seit Jahren so'n total süßen Fratz wünschte. Das Kind als Weihnachtsgeschenk quasi, denn Kinderkriegen schien ihr trotz sehr eingeschränkter Einkommensverhältnisse hip und modern und ab dem gesegneten Alter von 23 auch mehr als überfällig. Schantall kam diese eingeforderte Leihgabe ihrer Busenfreundin sehr recht, denn neben der mühsamen Suche nach ihrem Hello-Kitty-Plastikfeuerzeug machte ihr beziehungsweise ihrer Frisur der eisige Winterwind zu schaffen. Ein Gräuel aber auch, dass hochtoupierte Haarlandschaften einfach nicht jedem Wetter standhalten wollen. Taft hin oder her. So kam es, dass Schantall sich zwischen den beiden Eingangstüren des Einkaufszentrums, also in der Warmluftschleuse, anfing, die Haare zu richten.

»Super Idee!«, wie ein verärgerter Mittsechziger mit Lodenmantel und Rentnerbrille ironisch erwähnte, zumal Schantall mit dem Kinderwagen nun die komplette Eingangsfront blockierte.

»Sa ma, geht's noch? Ich tu mich hier stylen. Was hast du da zu meckern, Alter?«

BUSENfreundin Cheyenne darf diesen Titel übrigens zu Recht tragen. Neben einer doch recht ausladend arrangierten Oberweite pfundete Cheyenne auch mit einem ebensolchen Bauch und den passenden dicken in Jeans gestopften Stelzen. Die Vorteile dieser körperlichen Deformation liegen klar auf der Hand. Ein Busen dieses Gewichts und dieser Größe kann nicht zu einem Hängebusen werden, da er zwar im Laufe der Jahre durch die Schwerkraft geködert wird, jedoch immer auf dem kugeligen Bauchansatz zu liegen kommt. Praktisch eigentlich, muss Cheyenne sich mal gedacht und sogleich jeglichen Diätwahn aus ihren Gedankengängen verbannt haben.

Um noch einmal auf das Thema Frisur zurückzukommen: Bei Moppel Cheyenne kann man von einer Frisur Marke »Machen Sie's mal 'n bisschen frech«-Rupfbirne sprechen. Eine Frisur, wie sie anscheinend überwiegend von pummeligen Hausmütterchen, gleich welchen Alters, oder emanzipierten weiblichen Sportmonstern Ende dreißig getragen wird. Ist ja auch praktisch morgens vor dem Spiegel: einfach ein bisschen Gel in die Haare und ganz frech die lieb vom Friseur ausgefransten Haarsträhnchen übers Ohr ins Gesicht kämmen oder wuschelig in alle Himmelsrichtungen kneten. Fertig!

Mit so etwas Simplem würde sich Schantall nie abgeben, was einen einfachen, aber triftigen Grund hat: Die Kerle stehen nicht drauf. Ein absolutes No-Go also und somit für Schantall entsprechend undenkbar. Wie praktisch, dass ausgerechnet die eigene Busenfreundin nun zu solch einer uncoolen Stylingvariante gegriffen hat. Denn was sie unattraktiver macht, lässt mich neben ihr strahlen und hebt mein Antlitz hervor, muss sich Schantall gedacht haben. Umso besser, dass Cheyenne auch noch, wie in die Wurstpelle gepresst, eine Röhrenjeans tragen musste, obwohl der anatomische Unterbau längst die Verwendung einer Gaspipelinejeans empfohlen hätte, was den Durchmesser der Röhren betraf. Schantall war da pragmatischer und handelte getreu dem Motto: »Nix futtern und viel rauchen – hilft immer.«

Nachdem man sich nun also mit einer Fluppe und einem Kaugummi akklimatisiert hatte, ging es für alle drei ab auf die Hauptmeile der Einkaufshölle. Einkaufszentren oder, pardon, Shopping-Areas, bestehen ja heutzutage in der Regel aus mindestens gefühlten viertausend Geschäften, äh, Shops (in kleineren Ortschaften), und gefühlten eine Million Shops in den großen Zentren dieser konsumorientierten Einkaufslandschaft Deutschland. Die Vielfalt der Läden scheint dabei auf drei Bereiche beschränkt zu sein: große Boutiquen, Geschäfte für Kleidung und kleine Läden, in denen man Anziehsachen und Accessoires kaufen kann, also auch Boutiquen. Gut, hier und da gibt es noch den Handyshop und die obligatorische Fressmeile mit dauerbeschallender Großleinwand, auf der den ganzen Tag Katy Perry oder Robbie Williams dudeln. Der Großteil der Einkaufszentren besteht aber zum Glück aus Geschäften, die eine Anfahrt aus dem Heimatort lohnenswert machen und die die Schantalls dieser Welt versammelt bei Wind und Wetter unter ein Dach bekommen.

Nachdem Schantall nun von einem sympathischen braun gebrannten, in Anzug und Krawatte gekleideten glatzköpfigen Herrn mit dem Vornamen »Center« und dem Nachnamen »Security« aufgefordert wurde, doch mal die Zigarette auszumachen, entschieden sich die beiden Vorortpomeranzen dafür, nun auch mal eine dieser Boutiquen zu betreten. Um genauer zu sein, nicht irgendeine, sondern gleich mal die erstbeste. Der Tag war schließlich noch lang und solange Sohn Tschastin nicht ungewohnt früh anfing, lautstark zu quengeln, konnte man die Suche nach coolen Mützen mit Hängebommeln auch noch um ein paar Minuten, sagen wir Stunden, aufschieben. Hier drin fror der Kleine an den Ohren ja schließlich nicht.

Vom Konsumwahn getriebene, wenn nicht gar süchtige reife Damen sowie jüngere Mädchen peilen meist zielsicher Boutiquen verschiedener Ausrichtungen an. Eine Vermischung des Kundenstammes ist hier nicht vorgesehen und findet dementsprechend auch relativ selten statt. Während die gesittete, reife, nicht zwingend konservative, aber gutbürgerliche Mittelstandsdame, man könnte auch einfach Frau oder altdeutsch Fräulein sagen, eher die Bekleidungshäuser vorzieht, die ihr für einen leicht erhöhten Kaufpreis eine gute, robuste und garantiert solide Ware bieten, setzen Teenies und Twens der Marke Schantall natürlich auf Örtlichkeiten der anderen Art, um sich stilecht einzukleiden. Die typische Boutique dieser Spezies ist eigentlich relativ einfach auszumachen und einzuordnen und das erstaunlicherweise nicht nur optisch, sondern vor allem akustisch schon aus großer Entfernung. Zum obligatorischen Inventar scheint hierbei der schon am Eingang stehende Securityboss zu gehören, früher mal Kaufhausdetektiv genannt. Er wacht wie der Security-Chief-Inspector-Oberstleutnant-Chefaufsehergeneral des Einkaufszentrums darüber, dass sich keiner der jungen Kunden mit Ware unter der Jacke oder auf der Haut aus dem

Laden macht, ohne diese vorher kurz an der Kasse anpiepen und entsichern zu lassen. Für das Problem mit den Rauchern ist er auch zuständig. Ebenso wie für nicht willkommene Lutscher mit und ohne Eis in der Hand. Die typische Gestik mit breitem Stand und verschränkten Armen vor dem bodygebuildeten Sixpackbauch lassen viele Schantalls an die Türsteherszene der hiesigen Vorortdisco denken. Allerdings ohne den bekannten Satz: »Du komms hier nisch rein!«

Denn im Gegensatz zur prolligen Hinterhofdisco scheint es hier ja gerade wünschenswert, wenn die Klientel nicht gut gekleidet ist, damit auch ordentlich Bares von A nach B wandert und alle Teenies wunderbar ausstaffiert mit Glitzertops und Leggins den Laden freudestrahlend wieder verlassen. Boutiquen dieser Art haben auch meist eine recht typische und einprägsame Optik, die entfernt an die Ausstaffierung ukrainischer Edelbordelle erinnert. Glitzernde Spiegel, glitzernde Böden, glitzernde Umkleidekabinen mit einem Hauch von nichts als Tür und schillernde Kassiererinnen prägen diese Sorte Bekleidungsgeschäft. Die Schaufenster sind meist mit hohlen, schwarz glänzenden Schaufensterpuppen ohne Gesicht dekoriert. Viele düstere Gestalten ohne Antlitz und Schädelfüllung können sich daher bereits aus weiter Entfernung von einer spiegelbildlichen Anziehungskraft zum Betreten des Geschäftes verleitet fühlen.

Ich muss nun etwas lauter schreiben, da wir bereits im Eingangsbereich einer Teenieboutique häufig feststellen können, dass die Berieselung, nein, sagen wir Beschallung oder besser Akustikfolter durch zweihundert beats per minute einen Dezibelwert annehmen kann, wie man ihn sonst nur bei Aufenthalten auf einem Flugzeugträger im Kriegseinsatz oder in einem italienischen Großraumrestaurant erwarten würde. Ein Einkauf im Stillen könnte den Kundenstamm Schantall und Co wohl zu sehr überfordern. Welche Freude würde es auch machen, sich Kleidungsstücke auszusuchen und anzuprobieren, wenn man sich zeitgleich mit der Freundin darüber unterhalten könnte, ob einem die Teile auch stehen beziehungsweise was sie kosten. Musikentzug ist für alle Schantalls dieser Welt gleichzusetzen mit Handy-, Lipgloss- oder Supertalent-Verbot. Absolut undenkbar! Die Industrie reagiert und dröhnt also die nur wenige Meter auseinanderliegenden Läden mit Dancefloormucke zu, bis der Arzt kommt. Wenn er denn überhaupt kommen würde. Die überlaute Musik hat seitens der Ladeninhaber auch noch den positiven Effekt, dass kein Besucher dieses Etablissements wagen würde, mal eine Verkäuferin um Rat zu fragen, da man

a) eh nichts hört,

b) ohnehin selten Verkäuferinnen zur Stelle sind und

c) das in diesem hippen Discofeeling irgendwie uncool wäre.

Akustisch also ein Nachtclubersatz, in dem Minderjährige trotz oft schrottiger Bekleidung am Leibe bis spätabends verweilen dürfen. Nur leider ohne Ausschank von Alkohol und ohne ukrainische Edelprostituierte auf Barhockern oder in Großraumbadewannen.

Schantall steuerte indes zielsicher auf ein ihrer Meinung nach perfektes Angebot zu. Tops für 7,95 Euro. »Cheyenne, wie geil is dat denn? Die krisse sogar drei für zwei!«

Ein interessanter Satz, dem ich gerne mal kurz nachgehen möchte. »Die krisse drei für zwei« bedeutet im schantallschen Kosmos in etwa so viel wie: Sie entscheiden sich als Käuferin für drei Damenoberbekleidungsstücke, gehen mit ihnen zur Kasse und bezahlen dort nur den Nennwert zweier dieser Stücke. Diese Definition würde aufgrund der bereits erwähnten Akustik in diesem Geschäft aber keiner verstehen. Erst recht nicht die etwas begriffsstutzige Cheyenne. Daher wird hier die Syntaxkurzform gewählt.

Ein Top-Angebot und das ganz ohne SALE. Das Wort »SALE« ist für Schantall so etwas wie die heilige Schrift auf Schaufenstern. Sobald die magischen vier Buchstaben auf Geschäften, auf Werbeplakaten oder sonst wo auftauchen, geht im schantallschen Gehirn eine rote Sonderlampe an und dreht laut tösend ihre Runden. Dann ist Sondershopping angesagt und kein Winterwetter oder Sommerferienstau dieser Welt können Schantall Pröllmann aufhalten, diesen magischen vier Buchstaben zu folgen, um die heiligen Hallen des SALEs zu plündern. Das Wort »Sommer-« oder »Winterschlussverkauf« existiert ja in Deutschland ohnehin kaum noch, was vielleicht daran liegt, dass viele Kassenmäuschen in diversen Kleinboutiquen nicht mehr wissen, wie man so was Kompliziertes schreibt. »SALE« ist da doch viel kürzer und einprägsamer. Man muss nur noch vier Buchstaben auf die Schaufensterscheibe rubbeln und spart sich zudem einen Kleinkrieg mit der deutschen Rechtschreibung.

Nachdem Sohn Tschastin nun anscheinend doch genug von der Dauerbeschallung des Namensvetters Justin Bieber hatte und lautstark zu brüllen anfing, entschieden sich Schantall und Cheyenne, es bei dem »Krisse drei für zwei«-Topangebot zu belassen und gingen zur Kasse. Schantall schnappte sich also drei buntgemusterte Tops und packte das viel zu klein geratene Top, das sich Cheyenne ausgesucht hatte, gleich mit auf den Arm.

An der Kasse angelangt, hatte sich Sohn Tschastin nun dazu entschlossen, Spaß daran zu finden, seinen Schnuller permanent über den Kassentresen zu werfen, wobei Ersatzmama Cheyenne ihn wieder einsammeln und in seinen Mund zurückstecken musste. Die anwesende Verkäuferin, Frau S. Fister, fand das gar nicht lustig, da das Thema Kinderbetreuung nicht auf den Tagesordnungspunkten ihrer zweistündigen Verkäuferinnenschulung vor zwei Tagen gestanden hatte.

»Tschastin, getz hör aber ma auf! Gleich kommse bei die Mama!« Ob dieser Satz aus dem Mund der genervten Schantall nun als freudige Erwartung oder Drohung zu verstehen war, konnte der kleine mützenlose Schelm noch nicht richtig einordnen. Als sie endlich mit dem Bezahlen an der Reihe waren, wurde Schantall nun von der Verkäuferin fachfräulich darauf aufmerksam gemacht, dass das klug erarbeitete Rechenexempel »drei für zwei« hier ja wohl nicht aufgehen könne. Schließlich habe sie nun vier Tops auf die Theke gelegt. Die circa zwanzigjährige Verkäuferin mit dem erwartungsvollen Namen Frau Fister war also tatsächlich mit der Rechenoperation »drei für zwei« beim Kauf von »vier« überfordert. Schantall, die immer noch durch Tschastin abgelenkt war, konnte dieser Kalkulation ebenso wenig folgen wie Cheyenne. »Eh Cheyenne, du Dumpfbacke! Du hass dich verrechnet. Da steht ›drei für zwei‹, wir haben aber vier Tops!«

»Ja, und getz?«, erwiderte Cheyenne in trauriger Erwartung, das Top in Größe 36 wieder zurücklegen zu müssen.

Ganz Verkaufsprofi, erläuterte die Verkäuferin, dass man entweder ein Top wieder zurückhängen müsse oder aber noch zwei aussuchen solle. Man könne auch ein einzelnes kaufen. Aber vier zusammen passe ja nicht zum offerierten Angebot.

»Wat is denn, wenn ich meine drei getz bezahlen tu und die Cheyenne in fünf Minuten nur eins kauft?! Geht dat?«

»Ja, sach ich ja, dat geht!«, betonte die Verkäuferin noch mal lässig. »Muss se sich aber wieder hinten anstellen! Et gibt ja auch noch andere Kunden!«

Freudestrahlend nahm Cheyenne also ihr weinrotes Sternchentop in Größe 36 und stellte sich wieder hinten an die lange Schlange an, während Schantall ihre drei Tops bezahlte und bereits frühzeitig mit dem nun heulenden Tschastin den Fummelpalast verließ, um vor der Tür auf Cheyenne zu warten und sich erst mal eine Kippe anzustecken.

Das Ergebnis der Aktion: Die logische Mathematik wurde auf die Streckbank gelegt, aber beide Mädels haben ihre Tops in der Tüte. Drei für zwei und eins für eins.

Einkaufszentren bestehen aufgrund der optimierten Raumnutzungsmöglichkeiten meist aus mehreren Etagen, sodass man den Konsum, ähnlich wie bei einem guten Menü, in mehreren Gängen und zwar übereinander angeordnet genießen kann. Die vertikale Distanz wird in diesem Fall meist in Form einer Rolltreppe überwunden, die es den tütenbehangenen, oft dickbäuchigen Konsumjüngern leichter macht, den Höhenunterschied bequemer zu überwinden. Danebenliegende Treppen dienen da eher der Fluchtmöglichkeit im Falle eines Brandes. So kommt es also, dass sich mitunter vierzig Menschen gleichzeitig aufmachen, ihre Entscheidung zum Etagenwechsel umzusetzen, und in Richtung Rolltreppe stürmen. Schlange stehen an der Rolltreppe ist eine ebenso schöne und notwendige Erfindung wie Karies oder Rückenbehaarung. Insbesondere dann, wenn Damen wie Schantall, mit Kinderwagen, Tüten und Freundin bepackt, erst kurz vor dem Betreten der Rolltreppe anfangen zu überlegen, wohin die Reise hinauf in den Bekleidungsolymp des ersten Obergeschosses denn eigentlich führen soll. Hinweisschilder mit einer Lagebeschreibung der infrage kommenden Läden sind in Einkaufszentren auch meist sehr sinnvoll direkt an dieser Stelle zu Beginn der Rolltreppe angebracht. So kann es also passieren, dass zum Beispiel ein gebrechliches altes Rentnerehepaar durchaus schon mal fünf Minuten braucht, um eine Rolltreppe überhaupt zu betreten und die Fahrt zu starten. Zwei Minuten wird überlegt, ob die Fahrt sinnvoll ist, da die Feinrippunterhosen für Ehemann Paul im Erdgeschoss eventuell doch etwas günstiger sind (vier für drei). Weitere zwei Minuten braucht der etwas senile Mann Paul, um zu überlegen und zu antworten, ob er denn in seinem jungen, zarten Alter überhaupt schon solche Unterhosen tragen möchte, und eine weitere Minute wird aufgewendet, um endlich eine passende Stufe mit dem Fuß zu erhaschen, da dieses Mistding von Rolltreppe heute bei großem Kundenandrang auch noch etwas schneller eingestellt wurde. Die Rolltreppe glich da eher dem Fließband einer Printenfabrik in der Vorweihnachtszeit. Vierzig Stundenkilometer waren aber für Senioren wie Oppa Paul und Omma Änne durchaus problematisch.

Oben angekommen, waren inzwischen weitere zwei Minuten vergangen, in denen sich Oppa Paul nun überlegt hatte, aufgrund seiner Blasenschwäche doch nicht auf Feinrippunterhosen verzichten und lieber das Angebot aus dem Erdgeschoss wahrnehmen zu wollen (sieben für sechs). Das Ehepaar blieb oben also erneut direkt am Ende der Rolltreppe stehen und schaute sich erst einmal minutenlang um, wo man denn nun schnell wieder nach unten kam. Die direkt dahinter ankommenden Schantall, Cheyenne und vorneweg der tütenbeladene Kinderwagen mit Sohn Tschastin darunter erleichterten mit einem intensiven Kick in die Ferse von Omma Änne die Suche und zwangen das Seniorenehepaar erst einmal dazu, den Weg zu räumen.

Nun endlich der Mütze mit Hängebommeln für den kleinen Tschastin etwas näher gekommen, sorgte erneut ein Ablenkungsmanöver des familienfreundlichen Centermanagements für Furore. Der Weihnachtsmann (der Hausmeister) war anwesend. Er trug eine viel zu große Verkleidung und hatte sich auf einem goldenen Sessel niedergelassen. Der hierdurch entstandene Massenauflauf mit zweihundert Kindern samt Elternteilen hatte den Ausgangsbereich der Rolltreppe nun endgültig zum Erliegen gebracht. Eine gigantisch arrangierte Beleuchtungsprozedur in Kombination mit einem kleinen Präsent für jedes Kind, welches nun dem Weihnachtsmann einen Wunschzettel präsentierte, verleitete Schantall umgehend zum Handeln. »Ey Cheyenne, da gibbet 'n Surprisebag, wenne 'n Wunschzettel abgibs! Ob da wat Cooles drinne is?«, warf Schantall erst mal neugierig in die Halle.

»Keine Ahnung! Auf jeden Fall für umsonst!«, erwiderte Cheyenne.

»Ja, aber nur wenne Wunschzettel abgibs.«

Schantall und Cheyenne machten sich also daran, sich mit Sohn Tschastin in die fünfzig Meter lange Schlange zu stellen, um erwartungsfroh dem Weihnachtsmann einen fingierten Wunschzettel in die Finger zu drücken und ganz »für umsonst« so ein Surprise-Bag (altdeutsch: Wundertüte) vom Santa-Mann zu erschnorren.

Ein bereitliegendes Wunschzettel-Formular war schnell aufgetrieben und die Zeit zu überlegen, was man denn auf den Zettel schreiben könnte, war aufgrund der Masse an großäugigen Kindern nicht zu knapp bemessen.

»Sa ma, Schantall, vielleicht krisse ja da in die Tüte dat, wat du auf den Wunschzettel schreibst«, warf Cheyenne geistesblitzartig ein.

»Obergeil! So wird dat sein. Du schreibst da drauf, wat du brauchst, und der gibbet dir für Ömmes inne Tüte!«

»Cool! Gimma Stift! Ich schreib ma.«

Und so vertrieben sich Schantall und Cheyenne mit dem bereits eingepennten Tschastin die Wartezeit mit den Überlegungen, was Schantall, äh, also was der kleine Tschastin denn so alles gebrauchen könnte.

»Is dat uncool, wenn ich da die Strassuhr draufschreiben tu?«

»Ey, Schantall, dat merkt der voll sofort. Wat soll der Tschastin denn mit die Strassuhr anfangen? Dat muss wat sein, wat auch für den Tschastin sein könnte.«

»Ja, wat denn?«

»Ja, wat weiß ich? *Transformers* oder so wat.«

Schantall nutzte die fürsorgliche Hilfestellung von Cheyenne aus und nahm die Spieldauer von gefühlten zehnmal *Jingle Bells* in Anspruch, um mal tief in sich zu gehen und nicht aufzufallen, wenn sie den Weihnachtsmann mit ihrem fingierten Wunschzettel anschnorrte. Als sie endlich an der Reihe war, übergab sie dem Aushilfs-Santa vom Center-Seniorenwerk nun also den angeblich von Sohn Tschastin original geschriebenen oder besser gekrakelten Wunschzettelfetzen.

Darauf stand:

Justin 3 Jahre tut sich von Waihnachtsmann wünschen:
- *Bandit Boots – Force free Edition Zwischengröße 38 ½*
- *Agressive Attack – Steelbook Edition, Directors Cut*
- *Free Fitness 2Players Game – mit Handdrive connect X22V8*

Dein Justin

Der Weihnachtsmann nahm den Wunschzettel in die Hand und versuchte, mit der anderen Hand den kleinen Tschastin aus seinem Kinderwagen zu ziehen beziehungsweise wenigstens einen aufmerksamen Blick auf den schlafenden Jungen zu erhaschen, was sich jedoch als Fehlverhalten entpuppte. Ähnlich einer Krähe, die auf das Gelege ihrer frisch geschlüpften Küken achtgibt, machte auch Schantall dem Weihnachtsmann eindeutig klar, dass es hier um den Wunschzettel und nicht um Sentimentalitäten ginge: »Alter, lass! Der pennt!«

Unbeeindruckt und im restlichen Kindergeschrei wohl auch überhört begann der Weihnachtsmann nun mit dem Studium des Wunschzettels, beugte sich mit seinem dicken Kostüm nach vorne zu Schantall und dem Kleinen und machte mit tiefer Stimme deutlich: »Ho-ho-ho, der Weihnachtsmann hat keine Ahnung, was Tschastin möchte. Hier haste 'n Buch! Ho-ho-ho.«

Cheyenne, die begeistert in kurzen Szenenapplaus ausbrach, wurde nun recht streng von Schantall, die der enttäuschenden Situation möglichst schnell entkommen wollte, am Oberarm gezogen. Auf dem Weg zurück zum Auto war Cheyenne immer noch im Freudentaumel über das kostenlose Kinderbuch für den kleinen Tschastin: *Münchhausen – Der Lügenbaron.* »Da kannse den Tschastin voll oft wat draus vorlesen«, freute sich Cheyenne kleinkindlich.

»Cheyenne, is getz ma gut?« Und während sich Schantall wutentbrannt über das dämliche Kinderbuch und enttäuscht über die nicht erhaltenen gewünschten Gaben des Weihnachtsmannes echauffierte, gab Cheyenne zu bedenken, dass man immer noch nicht die kältebedingt notwendige Mütze mit Hängebommeln für den Anhang erstanden habe.

Als die drei dann endlich am Kinderkramladen am Ende des Einkaufszentrums ankamen, mussten sie feststellen, dass dieser die Mütze zwar führte, diese aber in Blau nicht mehr vorrätig war, und überhaupt sei der angegebene viel zu niedrige Preis in der Postwurfsendung wohl ein bedauerlicher Druckfehler gewesen. Schantall hatte nun von diesem Einkaufsnachmittag, sprich Shoppingmarathon, die Nase voll und suchte mit Cheyenne und Anhang das Weite. Auf dem nahe gelegenen Weihnachtsmarkt wurde nun eine Weihnachtsmannmütze für den Kleinen gekauft, die zwar keine Hängebommeln, aber ein blinkendes Herz am Saum als Sonderausstattung führte. Für 12,95 Euro sauteuer, kein bisschen wärmend, aber der ideale Frustkauf, um es dieser unverschämten Weihnachtsmanngilde, die ihr Unwesen in Einkaufszentren treibt, mal so richtig zu zeigen.

Ich konnte also gleich zu Beginn meiner Tätigkeit als Sozial-arbeiter Schantall des Öfteren in einem ihrer gewohnten Territorien beobachten – der Welt des Konsums. Das oft sinnlose Geldausgeben für billige Artikel, auch neudeutsch »Shoppen« genannt, scheint ein typisches Merkmal für Schantalls und ähn-lich gepolte Damen und Herren dieser Gattung Mensch zu sein. Die fantastische Welt der Einkaufszentren, Einkaufsstraßen, Outlet-Dörfer oder alternativ des Online-Shoppings bilden reale Möglichkeiten, um den Verlockungen der RTL-2-Werbeblöcke während der *X-Diaries* nachgeben zu können.

Vorwiegend billige, mit breiten Gürteln und strassbehängten Minitops ausgestattete Boutiquen, Handyshops und Kitschläden zählen dabei zu den wassergefüllten Tränken, die die konsum-gesteuerten Herden voller Durst auf die Anschaffung billiger Artikel magisch anziehen.

Doch warum sind es ausgerechnet Kleidung, Dekoartikel und Unterhaltungselektronik, die viele Kevinisten mit Vorliebe, sooft es geht, konsumieren? Warum beobachten wir zwei derart programmierte Frauen wie Schantall und Cheyenne nicht mal dabei, wie sie sich in einer Buchhandlung ein Sachbuch über den Regenwald oder gleich passend dazu ein paar bequeme Wander-schuhe kaufen?

Nun, es ist eigentlich recht einfach. Haben Sie im TV schon mal einen Werbespot für Regenwald-Sachbücher oder Wander-schuhe gesehen? Können Sie sich aus Schantalls Freundeskreis auch nur einen einzigen Menschen vorstellen, bei dem zum getunten 3er-BMW Wanderschuhe passen würden? Oder wird es jemanden aus Schantalls Familie geben, der sich lieber auf die textillederbezogene Couchgarnitur eines Möbeldiscounters setzt und ein Buch über den Regenwald liest, statt *Schwieger-*

tochter gesucht zu schauen? Nein, wahrscheinlich nicht, weil es so etwas nicht gibt. Es schließt sich einfach aus. Es ist eine Kombination, die genauso undenkbar ist wie der Spruch: »Sie sind von der GEZ? Na, dann kommen Sie doch bitte mal rein.«

Genau das ist es aber, was den Parallelkosmos der Fraktion Schantall und Co ausmacht. Man setzt andere Prioritäten und konsumiert dementsprechend. Entscheidend ist dabei auch nicht, dass der Geldbeutel bei vielen Proll-Familien von Haus aus etwas dünner ist. Armut ist ja keine Schande. Entscheidend ist, dass Akzente woanders gesetzt werden. Wanderschuhe sind ebenso langweilig und uncool wie die Vorstellung, lange Zeit für ein dickes Buch aufwenden zu müssen, wenn einem das Thema ohnehin zu kompliziert vorkommt oder einen gar nicht interessiert. Und da mein ganzer Freundeskreis es nicht benötigt, brauche ich es auch nicht.

Das neue Smartphone aus der Werbung, das nicht nur Ayleen, sondern auch schon vier andere im Fitnessstudio haben, ist »much more *in*«. Mit Swarovski-Steinen besetzt und in Weiß ersetzt es jeden anderen noch so unwichtigen Artikel dieser Konsumwelt.

Bei Kleidung sieht es noch ein bisschen anders aus. Nicht der Gedanke daran, ein Statussymbol haben zu wollen, ist dabei vorrangig, sondern es geht mehr darum, immer und zu jeder Zeit mit der Mode gehen zu wollen, ja zu müssen, da man sich auch hier seinen Bekannten und Freunden gegenüber keine Blöße geben darf, indem man in irgendeiner Form anders oder gar individuell aussieht. Wenn Millionen Teenies und junge Frauen flache Schläppchen an den Füßen tragen, so wie ich alternder Sozialarbeiter sie nur noch aus dem schulischen Turnunterricht der frühen Achtzigerjahre kenne, so müssen die Dinger ja prima und hip sein. Gut, die Wanderschuhe von vorhin sind bestimmt wesentlich bequemer und gesünder für die Füße, sehen aber trotzdem immer noch bescheuert aus und passen außerdem auch gar nicht zu den dazugehörigen Leggins (Vorsicht, schon wieder Achtziger-Alarm!). Man stellt also fest, dass in der Parallelwelt der Schantalls und Cheyennes auf diesem Planeten ein gewisses latentes Diktat herrscht, wie es natürlich auch in der dekadenten und ebenso konsumgeilen Oberschicht vorkommt, nur eben ganz speziell mit gewissen zu konsumierenden Artikeln und gewissen Looks, die durch die Bank weg von den Medien empfohlen, zu Tausenden kopiert, dann konsumiert und schlussendlich insbesondere in Einkaufs-straßen und -zentren auf die Menschheit losgelassen werden.

Individualität scheint dabei der größte Feind der verkaufs-orientierten Industrie zu sein. Dealer können eben nur süchtig machen, wenn alle Junkies sich mit deren angebotenem Stoff verführen lassen und keine Sonderwünsche haben.

Sollten Sie sich auch hin und wieder einmal dabei er-wischen, wie Sie weiße Smartphones mit Glitzersteinen, Kunst-stoffsonnenbrillen oder anderen unnützen Kram käuflich erwerben, so sollten Sie bei Rückfragen durch Ihre entsetzte Frau oder Ihren schockierten Freundeskreis einige passende Floskeln bereithalten, die den ganzen materiellen Unfug triftig begründen können. Eine Möglichkeit wäre der Hinweis auf Ihren neuen Job als Requisiteur bei einem großen deutschen Filmstudio, für das Sie permanent dringend benötigte Aus-stattungsaccessoires anschaffen und testen müssen. Auch ein treffendes Argument für garantiert nicht benötigte Kleidungs-stücke wäre zum Beispiel der Hinweis, dass man es ja ohne-hin fast nur für die Gartenarbeit oder im Bastelkeller anziehen wolle. Im Falle des weißen Glitzersmartphones wird es da schon schwieriger. Insbesondere im Hinblick auf die mitunter auch kaufbereite Männerschar, die sich so was ans verzückte Öhrchen halten würde. Teilen Sie Ihrem entsetzten Machofreund einfach mit, dass Sie das furchtbare Ding in einem Preisausschreiben der Lokalzeitung gewonnen haben und nur noch auf den Tag warten, an dem Sie es endlich einer ähnlich gepolten Frau wie Schantall schenken dürfen, um das viel fortschrittlichere Nachfolgemodell in Schwarz oder Kackbraun bestellen zu können.

2. KAPITEL

SCHNELLE KINDER, SCHNELLE AUTOS, SCHNELLES ESSEN

Birthdaytime. Ein großer Tag für Tschastin, Schantalls »Großen«, der heute stolze vier Jahre alt wird. »Schantall, komma bei die Mama!«

Diesen Satz konnte Schantall bis zum heutigen Tage nicht mehr vergessen. Er drückte auf einfache, nun, sehr einfache Art und Weise aus, welche Nestwärme die doch so putzige und leicht orientierungslose Schantall als Kleinkind von ihrer damals noch blutjungen Mutter Hildegard Pröllmann oft zu spüren bekam. Insbesondere dann, wenn sie sich mal wieder leicht benebelt durch Parfümdüfte der Marke 4711 oder Tosca in Kaufhausgängen der frühen Neunzigerjahre auf Einkaufstour befanden.

Na ja und heute ist sie die Mama. Und was anderes als Satzbau-Spezial würde sie ihrem Sohn da wohl mit auf den Weg geben. Schließlich war Tschastin ihr bisher einziger Wurf und was Erziehungs- und Syntaxfragen angeht, neigt man ja gerne dazu, das Selbsterlebte an die Jungtiere weiterzugeben.

»Tschastin, tu dich ma beeilen! Wir wollen doch jetzt mit die anderen Kinder bei den Mcdoof gehen.«

Ja, Sie haben richtig gelesen. Kindergeburtstag in der Fast-Food-Burgerbraterei und das mit fünf anderen Kindergarten-Buddies, die Tschastin zwar kaum kannte, die aber alle eine Mutter ihr Eigen nennen konnten, welche Schantall durchaus ähnlich und ihr somit ausgesprochen sympathisch waren. Im Prinzip also ein Damennachmittag im Sinne des Kindes.

In vielen Fällen sind die Familienverhältnisse und die Nachwuchsfrage der häufig bildungsfernen Unterschicht leider eher auf Masse als auf Klasse ausgerichtet. Ich möchte hier nicht wieder das allseits beliebte, aber oft ungerechtfertigte Klischee des verlockenden, horrenden Kindergeldes auf die Fahne malen, aber die Anzahl der in die Welt gesetzten Kinder in Familien wie den Pröllmanns steigt in vielen Fällen proportional zur fallenden Quotientenkurve des Intellekts.

Zusammenhängen mag das mit der Vermutung, dass zu einem Zeitpunkt, während sich Normalbürger in der gymnasialen Oberstufe noch mit dem mathematischen Kern von Matrizen beschäftigen, Teenies wie Schantall eher mit dem wippenden Kern von Matratzen zu tun haben. Die frühpubertäre Komplexität von Verhütungsmöglichkeiten führt dann nach neun Monaten meist zu oft ungewollten Ergebnissen.

Zudem wird die gymnasiale Oberstufe von Leuten wie den Pröllmanns gern mit Orten wie Tschernobyl oder Fukushima verwechselt; ein Grund und Boden also, wo anscheinend nur Verstrahlte zu finden sind und den man tunlichst meiden sollte. Mutter Hildegard wurde mit 22 zum zweiten Mal Mutter und mit 42 zum ersten Mal Oma. Schantall hat es mit 24 bisher nur auf einen Abkömmling gebracht, aber die biologische Uhr hatte derzeit noch keine Batterien, sodass ein frühzeitiges Ticken bisher kein Thema war.

Sohn Tschastin war Spross eines Abenteuers. Einer Affäre, die Schantall bitter bereute. Wie süß und überaus herzenswarm war er doch vor fünf Jahren: Ronny hieß er, Stahlbetonbauer aus Hoyerswerda, braun gebrannt und der absolute Traumtyp auf dem Montagetrip ins Ruhrgebiet. Kennengelernt hatten sie sich übrigens in der Dorfdisco »Apfelpeter« zu Bochtrop-Rauxel. Schantall wusste von Anfang an, dass dies der Mann fürs Leben ist. Also fürs Leben mit zwanzig. Mit 21 war er dann wieder in Hoyerswerda und erfreute sich an einer neuen Dame namens Maria Kron.

Schantall sah das Ganze sportlich, denn Tschastin ist ja in jedem Fall ihr Ein und Alles, sodass eine quasi alleinige Groß-zucht des Sprösslings überhaupt kein Problem darstellte. Mutter Hildegard war da immer die nötige Hilfe, damit Schantall auch weiterhin die Dorfdisco in Bochtrop-Rauxel vor der Umsatz-pleite mangels Besucherinteresses bewahren konnte.

Es ging mit dem Bus in die Stadt. Obligatorisch bei Ausflügen der Familie Pröllmann war auch immer das Auftreten in Rudeln. Frauen wie Schantall treten in nahezu hundert Prozent aller Fälle im Duett mit der Freundin oder der gesamten Sippschaft auf das Parkett der Außenwelt. Da heute ja der große Tag des kleinen »Großen« war, hatte sich zur Feier des Tages auch fast die gesamte Familie Pröllmann auf den Weg zum Kindergeburtstag aufgemacht. Nur Vater Günther lag wegen seiner den Zigaretten geschuldeten Hustenbeschwerden krank auf dem Sofa.

Der Laune der stolzen Mama Schantall, nebst Bruder Jason und Oma Hilde, tat das Ganze aber keinen Abbruch. Es begann erneut zu regnen und der Pröllmannklan fand Unterschlupf an der nahe gelegenen Haltestelle direkt neben der Trinkhalle von Aki Butzkowski. Der gebürtige Dortmunder versorgte die Familie Pröllmann bereits seit Jahren mit Monsterpizzas, RedBull-Paletten und Leckmuscheln für den Kleinen. Man kann auch sagen, Budenbesitzer Aki Butzkowski lebte von den nur spärlich ausgeprägten Kochkünsten Schantalls. Sein Spruch an der kleinen Glasscheibe des Kiosks war zudem legendär: »Keine Abgabe von Alkohol an Minderwertige!!!«

Bruder Jason überbrückte die Wartezeit auf den Bus auch direkt damit, eine Tüte Spy-Pops zu organisieren, welche durch Knacken und Kauen keine Langeweile aufkommen lassen sollten. Nachdem Jason auf der orangefarbenen und seinem sportlichen Hintern ergonomisch angepassten Sitzschale der Bushaltestelle Platz genommen hatte, begann er, sinnfrei auf den Nüssen rumzukauen, um den Überrest der Schalen in einem künstlerisch anmutenden Muster auf dem Boden vor den Sitzen zu verteilen.

»Hasse den Justin 'ne Sonne Kirsche mitgebracht?«

»Ey, Jason! Kannse ma mit den Gerotze aufhören?!«

»Ich hab doch gesacht, du solls den Justin 'ne Sonne Kirsche mitbringen tun«, gab Schantall lautstark von sich.

»Schantall, Aki hat keine Sonne. Bei den krisse nur Cola, RedBull und Asbach. Wat willse davon den Justin denn geben, hää?«

Eine alte Dame, die sich vor dem Nieselregen flüchtend an der Bushaltestelle eingefunden hatte, beäugte den gelangweilt dasitzenden Pröllmannspross Jason, wie er seinen Kapuzenpulli zurechtrückte und seiner Schwester mit diesen Worten unmittelbar klarzumachen versuchte, dass es für das Geburtstagskind bei Aki Butzkowski an der Bude derzeit nichts Trinkbares gab, was Jason aus eigenem Suff nicht schon mal kennengelernt hätte.

Nachdem der fast menschenleere Gelenkbus 301 nun endlich an der Haltestelle eingetroffen war und die rüstige Rentnerin demonstrativ und gewerbeaufsichtsamtmäßig ihr Rentnerticket dem Busfahrer beim Einsteigen vorgezeigt hatte, bequemte sich auch die Familie Pröllmann in den Bus.

Wenn Sie gelegentlich mal Bus fahren oder in ferner Vergangenheit eventuell mal einen Schulbus nutzen mussten, um sich zur verpflichteten Bildungsanstalt der Teeniezeit chauffieren zu lassen, so werden Sie vielleicht festgestellt haben, dass Typen wie Pröllmanns Jason prinzipiell, und wenn ich sage prinzipiell, dann meine ich das auch so, prinzipiell nur eine einzige örtliche Gegebenheit des Herablassens des Hinterteils in Betracht ziehen. Es gibt einfach nur einen einzigen Platz, auf dem sich die Marke Jason in einem Bus, egal ob kurze Variante oder Gelenkbus, wohlfühlt und befördern lässt – *die letzte Bank!!!*

Warum das so ist, hat bisher noch keine Studie je herausgefunden, insofern es je einen Verrückten gab, der so was mal zur Studie erklärt hätte. Aber es gibt diverse Ansätze, dieses Phänomen mal etwas genauer zu betrachten.

Eine Möglichkeit könnte eventuell sein, dass man nur auf der letzten Bank eines Busses in größeren Ansammlungen, sprich mit circa vier bis sechs Prolls, zusammensitzen kann, was die Gruppendynamik und somit den Coolnessfaktor beträchtlich erhöht. Eine zweite Möglichkeit, die sich anschließt, ist die Tatsache, dass man ausschließlich auf der letzten Bank fernab der argwöhnisch dreinblickenden Augen des Busfahrers jeden Scheiß unternehmen kann, der garantiert ungewollt, illegal oder schmutzig ist. Zum Beispiel das Umherspucken von Nussschalen oder das Tätowieren der Sitzpolster mit Edding Ultra.

Eine weitere Alternative zur Erklärung des Phänomens ist die bei vielen Prolls wachsende Machtfülle, die sie im wahren Leben außerhalb eines Linienbusses wahrscheinlich meist nicht innehaben. Während sie in der Regel die meiste Zeit ihres Lebens auf Befehle vom Chef oder der Arbeitsagentur reagieren müssen, können sie hier auf dieser magischen letzten Bank endlich mal den Über-Über-Überblick auf die Dinge erhalten. Wir sitzen hinten, wir sehen euch alle hier im Bus. Wir haben für gleich mehrere Haltestellen den absoluten Thron des innerstädtischen öffentlichen Personennahverkehrs bestiegen. Fußvolk, ob jung oder alt, ob gebrechlich oder agil, wir, die Könige der letzten Bank, haben nicht nur euch alle im Blick! Wir können uns sogar um 180 Grad drehen und den Autofahrern hinter uns auf ihre beschmutzten Beifahrerpolster sehen. Wir sitzen höher, wir sind die Kings, wir lassen uns fahren und haben einfach die dickste und höchste Karre von allen.

Ähnlichkeiten mit diesem Phänomen gibt es eigentlich nur noch in der Schule, wo ja auch jeder etwas Bildungsfernere lieber die letzte Bank als die vorderen Plätze direkt vor der Nase des Lehrers bevorzugt. Zugegeben, hier ist die Ausübung von Machtfülle dann allerdings etwas eingeschränkter.

Familie Pröllmann konnte dieses Machtgefüge allerdings nur knapp vier Busstationen genießen, da bereits am Theaterplatz die entscheidende Bushaltestelle zum Verlassen des Busses erreicht war und sich die ganze Sippschaft nun wieder von ihren Plätzen erheben musste.

Freistehende Filialen von Fast-Food-Restaurants, insbesondere die weitläufig bekannten Weltmarken an Burgerbratereien, bräuchten eigentlich weder Leuchtreklame noch Wegbeschreibungen, um dem typischen hungrigen Konsumenten den Weg zur Quelle des Kalorientempels zu weisen. Diesen Zweck erfüllen eigentlich schon die oft gut gefüllten Parkplätze dieser Fast-Food-Restaurants. Bereits hier wird meist eindeutig klar, dass man sich nun wieder in ein Paralleluniversum der Kuriositäten begibt, welches mit dem Alltag eines Normalbürgers oft nicht mehr viel zu tun hat. Okay, es gibt wahrscheinlich keinen deutschen Bundesbürger, der in seinem Leben nicht mindestens einmal vornehm in einem Fast-Food-Restaurant gespeist hat, aber es haben sich augenscheinlich doch Gruppen entwickelt, die eine gewisse Mehrheit im Kundenstamm eines solchen Etablissements bilden.

Dazu gehört auch, dass beim Befahren des Parkplatzes einer solchen Hamburgerschmiede die anwesende Fahrzeugkolonne drei bestimmten Fahrergattungen zugeordnet werden kann. Zum einen gibt es da den klassischen Gelegenheitsburgermampfer, der getrieben vom Berufsstress als Außendienstler und bedingt durch das harte Los der Bindung an eine nicht mit Sternekochqualitäten ausgezeichneten Ehefrau die heiligen Fast-Food-Hallen sagen wir einmal pro Woche besucht. Überwiegend ist diese Sorte Mensch erkennbar am klassischen Mittelschichtfirmenwagen Passat Kombi oder bei besser gestellten mittelständischen Betrieben durch die Mercedes E-Klasse. Alle Fahrzeuge pingelig sauber geschrubbt, serienmäßige Radzierblenden ohne Kratzer vom sonst typisch weiblichen Bordsteinparken und selbstverständlich ohne Aufkleber auf der Heckpartie. Ausnahmen bilden der obligatorische Sylt-Aufkleber, der im nächsten Sommer dringend durch die hippen gekreuzten Sansibar-Schwerter getauscht werden muss, und der Phantasialand-Aufkleber vom letzten Wochenend-Familientrip mit dem kleinen Ansgar.

Diese Fahrzeuggattung macht allerdings den kleinsten Teil der Fahrzeugkolonne auf einem Restaurantparkplatz einer Fast-Food-Kette aus. Wesentlich häufiger vertreten und meistens etwas weiter weg vom Eingang geparkt, stehen die klassischen Handwerker-Lkws, die mangels Platz eher selten in der Pole-Position an der Burgereingangspforte zum Stehen kommen. Sie bilden den zweiten großen Anteil an Fahrzeugen, deren Fahrer sich anscheinend regelmäßig von den Verlockungen des Fast Food verführen lassen. Im Laden selbst sind die Fahrer dieser Kundengattung natürlich leicht am Blau-, Weiß- oder Braunmann zu erkennen, der zwar modisch korrekt meist direkt auf die Berufsgattung schließen lässt, in der Regel aber so versaut ist, dass man um Gottes willen nicht neben einem solchen, dezent nach harter Arbeit riechenden Mitmenschen an der Theke stehen möchte, denn schließlich geht es hier ja um gepflegte Nahrungsaufnahme. Da steht nun also der kleine leicht untersetzte Damenoberbekleidungsvertreter direkt neben Ante, Baggerfahrer aus Bochum-Laer, und beide mit demselben suchenden, leicht nach oben schauenden Blick an der Theke stehend.

Die dritte Gattung Fahrzeugtypen auf Parkplätzen eines typischen Fast-Food-Restaurants führt uns dann wieder zurück zum Ausgangspunkt dieser Ausführung und komplettiert den Gesamtkundenbestand, den wir mit fast hundertprozentiger Wahrscheinlichkeit und insbesondere in den Abendstunden am Wochenende auf einem Parkplatz beim Aussteigen aus ihren Hammerschlitten beobachten dürfen. Die Voll-Prolls! Um exemplarisch ein typisches Fahrzeug dieser stark vertretenen Gattung beschreiben zu können, nehmen wir uns mal das Auto von Jason Pröllmann, dem Leser ja bereits bekannten Bruder von Schantall, vor.

Jason Pröllmann hat sich in seiner frühen Teeniezeit nie mit Experimenten herumgeschlagen. In Sachen Auto gab es für Jason vom Tag seiner Führerscheinprüfung an keine Kompromisse. Während Schulfreunde aus vergangenen Hauptschulzeiten bereits mit 15 den astreinen Sportgolf mit RECARO-Sitzen, tiefem Chassis und Megabreitschlappen bevorzugten und bewarben, war für Jason von vornherein klar, dass ausschließlich ein BMW auf dem Stellplatz vor der Hochhausfassade parken dürfe. Und als Papa Günther dann vor fünf Jahren seinen Führerschein wegen Suffs, in Tateinheit mit schwerer Sachbeschädigung einer Zapfsäule abgeben musste und aus welchen Gründen auch immer bis heute nicht zurückerlangt hat, war klar: Familie Pröllmann brauchte eine Familienkutsche. Ein Auto, das so groß ist, dass man auch den allsamstäglichen Großeinkauf ohne großen Platzmangel im Innenraum bewerkstelligen konnte. Da Fahrzeuge diverser Autofirmen in Deutschland eine meist überschaubare und wenig sportlich anmutende Serienausstattung ab Werk aufweisen, war selbstverständlich auch bei einem gebrauchten 3er-BMW Nachrüstbedarf gegeben. Jason hatte sich da auf seinen Instinkt, aber vielmehr auf die Konkurrenz konzentriert.

Peter Schwitalla, der Fensterbauer aus der Etage über den Pröllmanns, hat schließlich mit einem breitergelegten 5er-BMW aufgetrumpft und da wollte sich Jason natürlich nicht die Blöße geben. Gewisse Grundregeln wollte er nicht verletzen, aber trotzdem seinem Fahrzeug einen eigenen Charakter geben. Den Proll-Pröllmann-Charakter quasi, der die Schleuder einzigartig machte und letztlich so ins Auge stach, dass die Polizei bei einer der üblichen Kontrollen gar nicht mehr das Kennzeichen benötigte, um eine Halterfeststellung zu tätigen.

Grundregel Nummer eins bei der Auswahl der Mindestausstattung ist der Erwerb der üblichen Gadgets, wie Breitreifen, Chromfelgen, überdimensionaler Pommestheke (neudeutsch: Spoiler) über der Heckscheibe und auch der entsprechenden Maskierung des Fahrzeuges mit getönter Heck-, Seiten- und vorderer Seitenscheibe mittels Folie. Auch Grundregel zwei sollte auf dem Weg zu einem richtigen Prollschlitten nicht missachtet werden: Verzierungen des Fahrzeuges durch Plots, sprich Aufkleber und Folien, in den anscheinend von Prolls erfundenen Farben Neongelb, Neonrosa und Froschdödelgrün. Auch hier hatte Jason nichts dem Zufall überlassen und zahlreiche Kataloge von Tuningteilanbietern gewälzt, bevor er zuschlug.

Grundregel drei beschäftigt sich dann mehr mit dem Interieur als dem Exterieur. Hier hatte Jason das Hauptaugenmerk auf die Sportsitze gerichtet, bei denen die Familie Pröllmann vor einem Jahr mal geschlagene dreißig Minuten benötigte, um Mutter Hildegard mit ihrem wuchtigen Bauchansatz und vier Aldi-Tüten auf den Knien aus der Beifahrersitzschale zu schälen. Aber auch Details wie das schaumstoffummantelte Mini-Sportlenkrad und die Fußmatten aus silberglänzendem Riffelblechimitat sollten das Auto einfach nur schöner machen. Weitere Basics waren eigentlich gar nicht vonnöten, um sich in Sachen Kfz als Oberproll zu outen.

Hier ist man bereits mitten im Herzen des »Kevinismus« angekommen. Nun gut, hier und da kann man den bereits gewonnenen Eindruck vom Autoproll auch noch ein wenig untermauern, indem man überwiegend im Sommer die Scheibe herunterkurbelt und neben optischen Gesichtspunkten auch noch akustische ins Spiel bringt, um auszudrücken, dass in diesem Auto das Diktat der Bildungsferne herrscht. Empfohlen sei da abschließend die Best-of-Mucke von Andrea Berg oder die *Ibiza Compilation 14*.

»Ey, Schantall! Kumma, da gibbet noch zwei Extra-Figuren!«, polterte es bereits vor der Eingangstür zum Pommesparadies. »Wat für Figuren?«

»Ja, kumma hier! Die Dinger von dat Pocahontas! Da gibbet insgesamt sechs Stück. Nich nur vier.«

Jason hatte bereits am Eingang richtig erkannt, dass nicht die Qualität des Essens einen Besuch in einem Restaurant rechtfertigen sollte, sondern die Gimmicks, die einen bereits in einer Schauvitrine am Eingang erwarteten. So, als handele es sich bei den ausgestellten Figuren um Erbstücke aus der chinesischen Ming-Dynastie.

»Ich will auf jeden Fall die beiden Figuren haben«, legte Jason sein persönliches Ziel für den nun anstehenden Kindergeburtstag fest. Getreu dem Motto: »Der Kleine spielt und Jason bekommt das Spielzeug.«

Auch die anderen Mütter waren in der Zwischenzeit mit ihrer Nachwuchsschar eingetroffen und so mutete die Begrüßung aller zu einem Namenslexikon des Grauens an: »Schanaia, komm hier! Die Mama muss noch den Kinderwagen inne Ecke stellen.«

»Marlon, sach die Tante Schantall ma Tach!«

»Fanessaaaa, lach ma, heute is den Tschastin sein Geburtstag!«

Na ja, nach überstandener Eingewöhnungszeit konnte dann selbst die Filialmitarbeiterin dem ganzen Trubel auch etwas kindlich Liebevolles abgewinnen und versorgte die ganze Bagage Pröllmann samt Anhang, Kindergartenkumpel und mitgeschleppten Erzeugerinnen den ganzen Nachmittag mit gesunden Fleischscheiben zwischen zwei Brothälften. Die arme Nachwuchsburgerfrau hatte bei der internen Fast-Food-Lotterie die Niete gezogen und durfte heute als Belohnung den Kindergeburtstag mit Pröllmanns über die Bühne bringen.

Nachdem nun mittlerweile neunzig Prozent aller Glasscheiben des hermetisch abgeriegelten und wahrscheinlich schalldichten Separees in der Burgerfiliale mit Ketchup, Fettfingern und Kleinkind-Erbrochenem zugesaut waren, neigte sich der illustre und für Pröllmann'sche Verhältnisse aufwendig inszenierte Kindergeburtstag nun dem Ende entgegen. Die ersten Mütter nahmen ihre von Müdigkeit gezeichneten und schreienden Kinder teilweise liebevoll, teilweise weniger verzückt unter den Arm und marschierten schnurstracks Richtung Tür. Die leicht riechenden Markierungen auf dem Boden, die einige der anwesenden Kinder durch diverse Bäuerchen hinterlassen hatten, wiesen hier zielsicher den richtigen Weg zur Ausgangspforte. Schantall war unterdessen noch recht bemüht, den guten Gastgeber für diesen Nachmittag heraushängen zu lassen und jedem der noch Anwesenden, inklusive Filialleiter, zu verdeutlichen, welch perfekte Hausfrau sie doch anscheinend im wahren Leben sei. Ohne mit den langen Wimpern zu zucken, schnappte sie sich den mittlerweile auf mehrere Meter Höhe angesammelten Müllberg und räumte ihn gleich samt Tablett in den dafür vorgesehenen Mülleimer.

Ein plötzlich eingehender Anruf auf ihrem Handy verkomplizierte die Situation, da sie gleichzeitig das Gespräch entgegenzunehmen und den Müllberg in den Behälter zu schütten versuchte. Flupp, da klingelte plötzlich der Mülleimer im Kassenbereich. »Boah, Scheißendreck! Getz is dat Ding da mit drinne. Mamaaaaaa, Jason, komma gucken! Dat Ding is da drin.«

So! An dieser Stelle wird es einmal Zeit, eine Lanze für die Qualität eines guten Handyklingeltons zu brechen, denn auch hier gibt es zwischen »nett« und »geht überhaupt nicht« kaum Spielraum. Das Qualitätsmerkmal »sehr schön anzuhören« gibt es dabei schon mal gar nicht, da sich der Klang der meisten Handyklingeltöne akustisch ebenso wohlklingend anhört wie der Sound einer Autoalarmanlage oder eines Laubbläsers im Herbst.

Schantalls Handy blies nun ebenso wie die Laubbläser im Herbst einen wohlklingenden Sound durch die mittlerweile komplett verstummte und sonst rummelige Atmosphäre des Vorkassenbereichs der Fast-Food-Filiale. Und als ob das Pokerface von Schantall, die sich dieser Missetat natürlich nicht rühmen wollte, nicht schon dämlich genug ausgesehen hätte, musste Lady Gaga durch ihren gleichnamigen Song und Klingelton die eskalierende Situation noch unterstützen.

Man kennt das ja, dass das Handy prinzipiell dann am längsten klingelt, wenn man gerade in einer unangenehmen Situation ist, eigentlich überhaupt nicht ans Handy gehen möchte und das Gerät im Falle der weiblichen Fraktion dann auch noch zuunterst in der Handtasche weilt, wobei sowohl der ausgelaufene Lipgloss sowie die eben käuflich erworbene Tamponpackung im Weg liegen. Das Ergebnis ist dann meist, dass man wie von der Tarantel gestochen entscheidet, doch schnell ans Handy gehen zu wollen, um das Gespräch wenigstens wegzudrücken, und dass einem dabei der gesamte Inhalt der Handtasche nebst Lipglossmatsche und Tamponschachtel am vollbesetzten Bankfilialschalter auf den Boden fällt. Das Handy klingelt also in einem solchen Zeitraum gefühlte 1274-mal.

Das Gegenteil kennen Sie sicher auch: Man hat sich nach einem langen harten Arbeitstag auf der Couchgarnitur niedergelassen und die Fleecedecke aus dem Discounterangebot über die Beine geschmissen, während der Kaffee gerade perfekt temperiert neben einem dampfend zum Trinken einlädt und es gerade 20.15 Uhr ist, also exakt der Zeitpunkt für *CSI* erreicht ist, da klingelt dieser Scheißknochen namens Handy. Und wo liegt es? Richtig! In der Küche auf der Arbeitsplatte. Dort also, wo man es unter normalen Umständen nie hinlegt und wo es, wenn man in der Küche weilt, auch nie klingelt. Man wirft also panikartig die Decke von sich, nimmt in diesem Zuge gleich die Fernbedienung, die auf der Decke lag, mit in die Wurfbahn, sodass die Decke samt Fernbedienung auf beziehungsweise in der Kaffeetasse landet. Man stürmt in sage und schreibe eineinhalb Klingelintervallen in die Küche, erwischt das Handy auch gleich und möchte nur noch schnell den zweiten Klingelton abwarten, als das Ding wie von Geisterhand verstummt. Ja, es verstummt. Ohne einen Grund. Und das nach zweimal Klingeln, während es sonst mindestens fünfzigmal klingelt. Wutentbrannt versucht man also, schnell herauszufinden, welcher Depp diesen Aufruhr verursacht hat, und stößt dabei nur auf die Mitteilung vom »unbekannten Teilnehmer«. Der Abend ist vorerst gerettet, die ganze Vorsofazone samt Fleecedecke versaut, *CSI* bereits in der ersten Werbepause und nach einem kurzen Kontrollanruf bei der eigenen Mutter erfährt man dann, dass sie doch nur mal hören wollte, was man so macht, und um Himmels willen weder stören noch einen von wichtigen Dingen abhalten möchte. Gelobt seien die Erfinder der Klingeltöne, bei denen man bereits am Rufton erkennen kann, welcher unbekannte Teilnehmer mir als Bekanntem ein Gespräch aufzwingen möchte. Mutti ist ab sofort um 20.15 Uhr tabu, egal ob Notfall oder nicht. Die neue Fernbedienung hat übrigens 68,99 Euro gekostet.

Doch zurück zu Schantall und ihrem anhaltenden Problem des Dauerklingelns ihres Mülleim... äh Handys im Mülleimer.

Jason, der sich auf Kommando der zeternden Schantall mittlerweile dazu durchgerungen hatte, mit seinen durchtrainierten, doch leider etwas zu kurz geratenen Bodybuilderarmen in den Mülleimer zu greifen, konnte die Situation ebenso wenig entschärfen wie der mittlerweile eingetroffene Filialleiter, dem eine Mischung aus Fremdscham und gespielter Besorgnis auf die Stirn geschrieben stand. Nachdem nun wenigstens das nervtötende *Poker Face*-Gebimmel verstummt war und mittlerweile der ganze Burgertempel Bescheid wusste, wer hier heute das Kindergeburtstagsabenteuer seines Lebens zelebriert hatte, nahm auch Jason seinen mit Ketchup, Cola und Kindersabbbel verschmierten Kapuzenpulliärmel wieder aus dem Mülleimer.

»Warten Se mal, Froilein! Ich mach Ihnen den Müll mal auf.« Während der Filialleiter nun also den im Mülleimer befindlichen eigentlichen Müllbehälter aus der Konstruktion holte, fing das Handy erneut an zu klingeln, was den mittlerweile sichtlich angenervten Filialleiter zu der grandiosen Idee bewegte, den ganzen Eimer mit nach draußen zu nehmen und den Müll eventuell mal bei Sonnenlicht zu inspizieren. Schantall fand die Idee perfekt, verstand das mit dem Inspizieren aber insofern falsch, als dass sie den Eimer gleich an sich riss, vor die Eingangspforte tippelte und ihn direkt in die Einfahrt zum Drivein-Schalter schüttete, was nun zur Burgerrushhour zu einem

Rückstau von sechs Handwerker-Lkws bis auf die Hauptstraße führte. Leichte Windböen in der zugigen Gasse der Drive-in-Zufahrt und der immer noch grassierende Nieselregen machten die Gesamtatmosphäre komplett.

Ein schöner Abschluss eines durchaus gelungenen Kindergeburtstages also, der zwar so nicht geplant war, aber zur allgemeinen Belustigung der anwesenden Kinder und Besucher der Burgerfiliale beitrug. Bauernopfer wie der nun mülleinsammelnde Filialleiter oder Kollateralschäden wie der beschmierte Pulli von Jason sowie der entstandene Flurschaden des müllverseuchten Burgerparkplatzes sollte man bei so einer Feierlichkeit nicht zu hoch bewerten. Und während Schantall auf der letzten Bank des Gelenkbusses noch immer damit beschäftigt war, die Mayonnaisereste mit der Spitze ihres Ohrsteckers aus der Rautetaste ihres schönen Glitzerhandys zu pulen, hatte auch Sohn Tschastin mittlerweile lautstark plärrend damit begonnen zu verdeutlichen, dass es ein langer Tag war und der Kleine nun keinen Bock mehr auf Prollgeburtstag hatte, sondern nur noch in sein *Bob der Baumeister*-Bett wollte.

WAS HÄNGEN BLIEB:

Dies war eine recht mühsame und weitreichende Expedition in den Kosmos der Schantall Pröllmann. Die Erfahrungen, die ich auf dem Abenteuer Kindergeburtstag sammeln durfte, waren sehr erheiternd und erschütternd zugleich. Intimste Details kamen dabei genauso ans Tageslicht wie alltägliche Gepflogenheiten in der Wahl der Fortbewegungsmittel vieler »Kevinisten«.

Neben Familienplanung, Fortpflanzungsriten und der Wahl diverser Fortbewegungsmittel wurde mir deutlich gemacht, inwiefern die Gattung der »Kevinisten« mit ihrer Spezies Schantall die Nahrungsaufnahme in Kinderbegleitung praktiziert. Brauchtümer wie Kindergeburtstage gaben mir ein gutes Bild von der stark ausgeprägten Mutterliebe dieses Typus Mensch.

Doch der Reihe nach: Das von mir beobachtete Verhalten meines Schützlings Schantall und der Pröllmanns, sich ebenso wie unsereins irgendwie fortbewegen zu müssen und zu wollen, ist zunächst mal nichts Auffälliges. Auch die häufig in Gruppen auftretenden Prollfamilien, Prollpärchen und Prollansammlungen in Verbindung mit Fußballspielen, Kirmesbesuchen und Schlagerfestivals möchten sich schließlich schnell, komfortabel, preiswert und vor allem spektakulär von A nach B bewegen. Die Tatsache, dass dies meist in zwei Varianten, nämlich mit dem preiswerteren Bus oder der aufgemotzten Tuningkarre geschieht, macht das Phänomen schon spannender. Je spektakulärer der Auftritt ausfällt, desto intensiver ist dabei das Glücksgefühl bei der Fortbewegung. Der alternde Zahnarzt aus eher ärmlichen Kindheitsverhältnissen, der es erst recht spät zu einem gewissen Wohlstand gebracht hat, benötigt mit seinem polierten Porsche Cayenne sicher ebenso die Aufmerksamkeit auf der Straße, die die Jasons dieser Welt im Übermaß zu erhaschen versuchen. Es ist aber wohl schlichtweg das Übermaß, das aus einem normalen oder getunten Auto eine Proll-Schleuder macht. Die Mischung machts und so ist ein getuntes Fahrzeug in Verbindung mit einem in der Muttermilch bereits aufgesogenen schlechten Geschmacksverständnis in Farbfragen unumstößlich der Hit in Prollkreisen. Der Grad der notwendigen Coolness ist beim gealterten Zahnarzt im Geländewagen eben wesentlich niedriger anzusetzen als beim jungen Proll von nebenan.

Daher mal ein Aufruf in eigener Sache.

Liebe Tuningfirmen, Teilelieferanten und vom Ruin bedrohte Hinterhofwerkstätten! Ein Auto mit eleganten Alufelgen, Sportsitzen oder einer gepflegten sündhaft teuren und durch Hand vernähten Ledersitzausstattung kann durchaus ein Augenschmaus und zugleich haptischer Genuss sein, aber um den Sumpf des schlechten Geschmacks trockenzulegen, wäre es vielleicht ratsam, wenn zwanzig Jahre alte Toyota Corolla ohne Spoiler auskommen könnten. Das Ding hebt innerorts mit fünfzig Sacher Höchstgeschwindigkeit nicht vom Boden ab, falls besagte überdimensionale Biertheke hinten nicht auf der Heckpartie montiert ist. Somit ist dieses Accessoire überflüssig. Auch sind tiefergelegte und auf Ralleyauto getrickste Renault Twingos höchstens mal ein Hingucker, wenn sie sich im Parkhaus an der ersten Bodenwelle die vordere Plastikstoßstange absemmeln. Den heilen Kosmos der Pröllmanns mit allen dort lebenden Typen und ihren Autos so schamlos mit sinnfreien Autoersatzteilen zu verführen ist böse und gehört sich nicht!

Ein weiteres von mir beobachtetes Phänomen war das zielorientierte Ansteuern der Quelle der Nahrungsaufnahme. Aus Mangel an Kochkunst gehören sogenannte »Schnell-Essen-Gaststätten«, wie man sie unter anderem für Schantall und ihre Familie entwickelt hat, zum alltäglichen Bild in diesem Lande. Während man in Zeiten der Faltenröcke und Zöpfe noch Hauswirtschaftskurse in der Schule besuchen musste oder mit einer den Kochkünsten vertrauten Mutter gesegnet war, die einem diverse Grundlagen der Nahrungszubereitung beibrachte, so herrscht heute oft die Neigung zum schnellen Fremdfuttern. Nicht nur der nette Herr, der immer mit diesem frostigen Lkw bis vor die Haustür kommt und Dutzende dicke Kataloge dalässt, nein, insbesondere die Fastfoodfilialen der Neuzeit bieten Pröllmanns und Co eine hervorragende Alternative zum mühsamen Zubereiten einer warmen Mahlzeit. Kinder aus Familien wie den Pröllmanns wissen von gutem, nahrhaftem Essen oft so viel wie ein Neugeborenes vom Panieren eines Schnitzels. Okay, die Tatsache, dass Kartoffeln lang und dünn sind und in die

Friteuse kommen und man bei einer Tiefkühlpizza erst die Folie abmachen sollte, bevor man sie in die Mikrowelle steckt, haben Kinder bereits im frühpubertären Stadium verinnerlicht. Die Benutzung eines Dosenöffners zur anschließenden Vertilgung einer Fertigmahlzeit in Büchsen stellt für den handwerklich meist etwas ungeschickten Nachwuchs da schon eine größere Hürde dar. Deshalb hat die fürsorgliche Lebensmittelindustrie irgendwann die Styroporschale entwickelt, an deren Oberseite man nur noch eine Alufolie abziehen muss, um das Ganze dann bei 600 Watt vier Minuten lang in der »Welle« aufzuwärmen.

Ich stellte also fest, dass es im schantallschen Kosmos auch Gottheiten gibt, denen seitens der dort lebenden Völker gehuldigt wird. Sie heißen zwar nicht wie bei uns auf dem Planeten des guten Geschmacks Steve Jobs oder Elvis Presley, sondern sie nennen sich Deus Ravioli oder King Mikrowelle.

Ich möchte den nun etwas in Sorge geratenen Leser, dass solche Zustände sich auch mal in seinem Alltag ausbreiten könnten, nun aber nicht im Regen stehen lassen. Um ein wenig Verständnis für die Essgewohnheiten und die unnötig übertriebene Ausstaffierung der Fahrzeuge von Kevinisten zu erlangen, empfehle ich, dass Sie sich vielleicht mal mitten ins Geschehen begeben. Sie sollten natürlich aus der Masse hervorstechen, um klare Grenzen zwischen ihrem Alltag und der Welt der Pröllmanns zu ziehen.

Ich empfehle, zum nächsten Opel-Tuningfreunde-Treffen am Produktionsstandort in Bochum einen Ferrari Spider anzumieten. Ein paar Euro für die Verschönerung des Fahrzeuges sollten dabei locker sitzen, denn eine moderne Ausstattung des Fahrzeuges mit Original-Opelradkappen, einer mit Spraydose aus dem Baumarkt getätigten Umlackierung in Neonrosa und die Montage von Off-Road-Reifen würden ebenso zu einem spektakulären Auftritt beitragen wie die Montage einer

Anhängerkupplung, um dort den mitgeführten Wurstbudenanhänger einklinken zu können. Der Wurstbudenanhänger
sollte dabei den neongelben Aufdruck »Hier ist der gute
Geschmack zu Hause« tragen. Denken Sie bitte daran: Eine Beschallung des umliegenden Geländes mit Schlagermusik wäre
anmeldepflichtig.

3. KAPITEL

URLAUBSZEIT
UND DOSENSEKT

Wie ich gleich am Anfang meiner Beobachtungen festgestellt habe, hat der schantallsche Kosmos mittlerweile eine gewisse Größe angenommen. Dass die Gruppe der
Kevinisten sich mengenmäßig immer weiter ausbreitet, ist nun
mal ein Trend, der sich wohl so schnell nicht stoppen lässt.
Aber wie bei jeder großen Menschenansammlung auf diesem
Planeten Erde zieht es die wachsenden Heerscharen beizeiten
in die Breite und Weite. Hier ist ausnahmsweise mal nicht die
anatomische Ausweitung des Beckenbereichs bei Frauen in den
Wechseljahren gemeint, sondern die Lust des Reisens, um den
vollgestopften Stadtregionen der Umgebung zu entkommen.

Natürlich gibt es bereits interessante Erfindungen wie
Wellnesshotels im Sauerland, Spaßbäder in Industriestadtteilen
oder die Cranger Kirmes, welche einen Schweif in die allzu
weite Ferne unnötig machen könnten. Doch vorwiegend in den
Sommermonaten, also exakt in den sechs Wochen Sommerferien, in denen *alle* Menschen urlaubsrattig werden, zieht es
Schantall und Co regelmäßig in den immer selbstsicher so be-
titelten »wohlverdienten« Urlaub.

Mögliche Urlaubsziele gibt es ja mittlerweile viele, aber für
eine echte Schantall kommt dann doch nur ein überschau-

bares Häufchen an Urlaubsregionen infrage. Der mittlerweile in die deutsch-spanische Kulturgeschichte eingegangene »Ballermann« soll heute mal nicht in die engere Wahl genommen werden und auch das doch so hippe, stylishe, aber eben auch etwas teurere Ibiza wird ebenfalls nicht Gegenstand meiner Beobachtungen sein. Nein, es ist viel schlimmer, viel gravierender. Es ist der Vorhof der Hölle! Ach, was sage ich, es ist das Treppenhaus zur Hölle! Ach was, noch schlimmer, es ist das Sekretärinnenvorzimmer der Hölle! Die Rede ist hier von einer 16-stündigen Busfahrt nach Lloret de Mar. Zusammen mit 36 pickelgezeichneten Dosenbierjunkies in einem Reisebus aus dem deutschen Museum. Mit klemmenden Fensterluken und einer defekten Toilettenanlage, die nur das gelbe, aber schon lange nicht mehr das braune Geschäft duldet. Ein Albtraum in der Farbkombination bahamabeige und naturrostbraun.

Schantall fehlte diese Erkenntnis, als sie der bezaubernde Promoter vor einigen Wochen am Eingang eines Kirmesbierzeltes ansprach und ihr die Reise mit strahlend blauen Augen und dem Hinweis auf läppische 180 Euro Gesamtkosten in Form eines Flyers schmackhaft machte.

Mit der uns bereits bekannten Busenfreundin Cheyenne war sie sich schnell einig geworden, dass auch sie sich diese Urlaubssause nicht entgehen lassen wollte, und somit war der anstehende Sommerurlaub 2012 eingetütet.

Dass ihre liebste Cheyenne dann aber kurzfristig wegen einer Zerrung im Fuß – einer Verletzung, die sie sich beim Versuch, ihre Katze per Fußtritt aus dem Zimmer zu befördern, zugezogen hatte – ausfallen musste und als Ersatz nur noch ihre Zweite-Wahl-Freundin Kimberley aus dem Workoutkurs als kurzfristiger Ersatz infrage kam, schmeckte Schantall überhaupt nicht. Kimberley war mit ihren 1,78 Meter Körpergröße und der rotblond gelockten Haarpracht das, was Schantall auf so einem

Trip in den Süden eigentlich gar nicht gebrauchen konnte: ein Rasseweib und somit eine ernsthafte Konkurrentin beim Kampf um die Gunst der Kerle.

Mutter Fröllmann war indes so freundlich, sich für die sieben geplanten Tage im Wunderland von »Sangria, Sekt und bunter Bowle« um den Sprössling Tschastin zu kümmern, den Schantall bereits vor dem Abschied am Linienbusbahnhof tränenreich vermisste. Der Kleine fühlte sich aber anscheinend recht wohl, wie er da etwas desorientiert in Halbacht-Position an den fleischigen Oberarmen von Großmutter Hildegard hing und mit leicht sabberndem, geöffnetem Mund und großen, fragenden Augen seiner kosmopolitischen Mutter Schantall hinterherschaute, die bepackt mit einem Koffer und einem doppelt so großen Beautycase in den Bus Richtung Essener Hauptbahnhof stieg.

»Tschastin, tu ma für die Mamma Tschüss sagen!«

»Komm, tu ma Tschüss sagen!«

Oma Hildegard strapazierte die Klemmkraft der Hände des kleinen Tschastin bis aufs Äußerste, als sie in diesem Moment auch noch seinen Arm in die Höhe riss, um Schantall zu winken, und aus der quälenden Halbacht-Hängeposition auf ihrem Arm nun augenscheinlich eine Sechs-Uhr-Position wurde, wobei der Kopf des Jungen den kleinen Zeiger symbolisierte und das Bein den großen Zeiger.

»Tschastin, wo is die Mama?«

»Ja! Wo is die Mama?«

»Ja, *da* is die Mama!«

»*Daaaa* is die Mama!«

Hundehaltern ist diese Art Monolog, die ohne Entgegnungen der angesprochenen Kreatur auskommt, sicher hinreichend bekannt.

Und während Schantall aus dem Bus zurückwinkte, fielen dann die entscheidenden Worte, die selbst jenen rumänischen

Taxifahrer, der neben dem Bus wartete, nötigten, sich nach Fremdschäm-Omma Hildegard umzudrehen.

»*Schantall, tu ma die Omma winken!*«

Der Essener Hauptbahnhof ist ein gern gewählter Abreiseort für Fernbusfahrten in aller Herren Länder und so war es eben auch dieser Treffpunkt, an dem Schantall bepackt mit ihren Siebensachen in den Bus Richtung Spanien einstieg.

»Dat Buutikäs auch?«

»Ne, is für im Bus!«

Der Busfahrer erkannte beim Verladen der Gepäckstücke schnell, dass bei dieser Mammut-Tour überwiegend junge Frauen auf der Gästeliste standen, sodass es für Schantall und die mittlerweile ebenfalls eingetroffene Notstopfenlösung Kimberley selbstverständlich war, das tonnenschwere Beautycase mit in den Innenraum des Busses zu wuchten.

Bei Reisen, die zu weiter entfernten Zielen führen als zum nächsten Aldi um die Ecke, neigen schließlich nicht nur die bekannten Hollywoodstars aus der Klatschpresse dazu, ein klein wenig mehr Gepäck mit sich zu führen, als es der Normalbürger für lohnenswert erachtet. Während die Fluggesellschaften mit dem Normalsterblichen bereits ein Einsehen hatten und jedes zu viel eingepackte Paar Pumps durch Extragebühren gnadenlos abstrafen, kann dies bei Busreisen schon etwas mehr ausstrapaziert und lockerer gesehen werden.

Hollywoodstars neigen jedoch meist dazu, mit sündhaft teurem Reisegepäck aus Leder oder den doch ach-so-unverwüstlichen Alu-Hartschalenkoffern zu reisen, die meist nach dem ersten Langstreckenflug mit drei Zwischenstopps aussehen, als hätte der Zoll mit den Jungs der Gepäckabfertigung ein Fußballturnier auf dem Rollfeld ausgetragen, bei dem der eigene Koffer der Ball war. Schantall und Co sind da anders gestrickt und orientieren sich bei der Auswahl ihres Reisegepäcks nicht so sehr an der Qualität des Materials oder der Marke des Herstellers, sondern in erster Linie an der Farbe und der Vorgabe, das Reisegepäckstück möglichst elegant und cool mit sich führen zu können.

Ein Reisekoffer von anno Zwieback, wie man ihn früher noch mit zwei Händen am Griff auf einer Körperseite mühsam neben sich hergeschleppt hat, macht sich mit High-Heels-Pfennigabsätzen einfach scheiße und stellt beim Wettkampf des stilsicheren Auftretens auf den Flughäfen dieser Welt ein großes Handicap dar. Eleganter, und das haben auch die Schantalls unserer Zeit erkannt, geht es da mit einem Trolley mit zwei oder ganz modern mit vier Rollen, den man lässig aus dem Handgelenk wie einen kleinen Rehpinscher hinter sich herziehen kann. Eine weitere Gemeinsamkeit ist, dass der angeleinte Rehpinscher meist exakt dasselbe quietschende Geräusch macht, das der Trolley, bedingt durch die ewig kaputte Rolle unten rechts, gern von sich gibt. Aber egal, die Form ist gewahrt und ein leicht quietschendes Geräusch sichert Schantall und Co die nötige Aufmerksamkeit anderer Reisender, die sie sonst nur aufgrund der klackenden Geräusche ihrer Absätze erregen würde.

Da aber auch Normalreisende von nebenan mittlerweile die Vorzüge eines handlichen Trolleys auf den Reisen durch die Weltgeschichte erkannt haben und auch hier männliche und weibliche Exemplare existieren, die nicht wissen, dass man Kofferräder auch ölen kann, damit sie nicht mehr quietschen, muss die Gattung Schantall eine weitere Besonderheit kreieren, die sie von der Masse der normaldenkenden Reisenden abhebt. Richtig! Wir sind wieder beim Thema Farben. Das bereits von mir beobachtete und erwähnte beliebte Schantall-Farbschema Neonrosa, Neongelb und Froschdödelgrün kommt auch bei der Auswahl der Reisegepäckstücke voll zum Tragen. Schantalls und ähnlich gepolte Wesen ihrer Zunft empfinden es oft als außergewöhnlich individuell und stylish, einen total übermüdeten Langstreckenfluggast am Laufband der Kofferausgabe eines Flughafens mit möglichst grauenerregenden Gepäckstücken zum Wahnsinn zu treiben. Als ob die Klimaanlage eines jeden Flugzeuges die Augen nicht schon genug reizen würde, sorgt die Farbauswahl der Gepäckstücke mancher (meist) Damen für weiteren Augenkrebs.

Fragt man nach Gründen, erhält man meist die simple und nicht so richtig einleuchtende Ausrede: »Na, dat Ding kannse doch viel besser vonne anderen unterscheiden.«

Zugegeben, schwarze Trolleys gibt es auf Gepäckbändern internationaler Flughäfen circa eine Million Mal. Aber ein simples Tuch um den Griff gewickelt oder ein großer Aufkleber »Thailand 2011, geile Zeit« zeigen doch eindeutig, ob es sich bei dem Gepäckstück um das eigene oder ein fremdes handelt.

Schantall und Co ziehen häufig beide Markierungsmöglichkeiten in die engere Auswahl und bestücken den rosafarbenen Trolley gleich noch mit einem Schlüsselanhänger, an dem ein süßes Stoffschaf hängt, das aufgrund diverser Reisen aber bald wie ein Nacktmull an der Kette aussieht.

Aber nun endlich zurück zum Reisen mit dem Bus. Die Busfahrer von Reisebussen haben sich äußerlich im Laufe der letzten hundert Jahre eigentlich kaum verändert. Während in Linienbussen vor nicht allzu langer Zeit noch das Diktat der Krawatte und Dienstmütze herrschte, so kleideten sich Reisebusfahrer damals und auch heute bereits etwas sportlicher. Der typische Reisebusfahrer, den ich persönlich während zahlreicher Jugendfreizeiten in meiner Kindheit beobachtete, war immer über sechzig, also kurz vor oder bereits hinter der offiziellen Verrentung. Er trug immer eine braune Hose mit Bügelfalte und einen sehr locker sitzenden Gürtel, der zwar beim Fahren bequemer war, beim Auspacken der Koffer aber in Folge des

Bückens zur Ladeluke oft zu »haarsträubenden« Einblicken in das Darunter führte. Wären wir als Kinder nicht so arm gewesen, so wäre man eventuell verleitet worden, den haarigen Schlitz als Sparschwein zu empfinden und eine Münze einzuwerfen. Was auch nicht fehlen durfte, war das beigefarbene, cool hochgekrempelte Hemd und der darüber frisch gebügelte, gelbe oder waldgrüne Acrylfaserpullunder, der bei jeder Witterung im und vor dem Bus passend erschien. Aber was nützen all die schönen Erinnerungen an damalige Zeiten, in denen in Reisebussen noch Gitarre gespielt wurde, wenn die Realität (bis auf den Busfahrer) mittlerweile anders aussieht?

Schantall und Kimberley, die nun bereits seit zehn Stunden die engen weinroten Sitzbänke des Reisebusses genießen durften, beschäftigten sich gerade wortlos mit ihrem Smartphone, während der Rest der pubertierenden Reiseschar dazu übergegangen war herauszufinden, wer nach einem tiefen Schluck Wodka lauter rülpsen konnte. Im Zusammenspiel mit einem Getränk, das wohl bekanntlich Flügel verleihen soll, wurde die sonore Tonfolge jedoch auch nicht schöner. Es war ja auch recht amüsant, auf einer 16-stündigen Bustour Getränke zu konsumieren, die Flügel verleihen sollten, während man im Stau an der französischen Mautstation stand, keinen Meter vorankam und über einem die Jets grenzenlos Richtung Spanien flogen.

Ob Schantall in diesem Moment des Wodkabesäufnisses bereits erkannt hatte, daß die 180-Euro-Sause nach Lloret vielleicht doch eine »Schnapsidee« war, weiß ich nicht.

»Boah, voll peinlich, Kim, hä?«

»Total die Kinder! Ey, Schantall! Wenn ich dat gewusst hätte, hätte ich auch mit den Boris in Freibad Urlaub machen können.«

Durch die wohlklingende Wortwahl animiert, wurden Schantall und Kimberley nun von einem in etwa gleichaltrigen, leicht weibisch anmutenden Platznachbarn angesprochen, der zwar auch schon ein paar Zehntel Promillepünktchen eingefahren hatte, dies aber recht stilvoll mit Sekt aus der Dose und seinem mitreisenden Freund und wohl auch Lover neben ihm erledigt hatte: »Sach ma, seid ihr aaauch so genäääärvt von den Kiddies hier im Bus?«

»Ich bin der Hauke! Und das ist mein Mann neben mir.« Schantall und Kimberley waren von dieser Eröffnung so überrascht, dass sie beide gleichzeitig ihr Smartphone für einen Moment in den Schoß legten und angesichts der instinktiv erkannten Chance auf das Schnorren zweier Sektdosen dann die Vorstellung auch gleich erwiderten. Hauke war bei dem Schwulenpärchen wohl das, was man die Frau in der Beziehung nennt. Er war mit seinen 1,65 Metern zwar etwas klein geraten und auch im Laufe der Jahre ein wenig in die Breite gewandert, aber das tat seinem Willen, sich wie eine perfekte Frau zu fühlen und zu artikulieren, keinen Abbruch.

Als Dauergast in Spanien und Partyverliebter hatte auch er sich vom günstigen Reiseangebot überzeugen lassen und ebenso wie Schantall mit Kimberley seinen schwulen Partner gleich mit ins Verderben gerissen.

»Hauke, bisse schomma mit so wat nach Lloret gefahren?«

»Paarmal. Aber Sören hat Flugangst und ewig Sylt kann einen auch ankotzen!«

»Wir kennen uns auch erst ein Jahr. Ich war früher immer auf Teneriffa.«

Was nun folgte, unterhielt Schantall während der weiteren zwei Stunden Warterei an der französischen Mautstelle und machte sie sehr neugierig. Hauke hatte nun das einzig Richtige getan und Schantall nebst Kimberley eine Dose Sekt angeboten, was Kimberley in einen sanften Schlaf des Suffes wiegte und Schantall zu einer ausgesprochen guten Zuhörerin werden ließ.

Hauke erzählte, dass er bis vor einiger Zeit mit seiner Ich-AG selbstständig, aber nie richtig glücklich gewesen war. Die Geschäftsidee mit dem Brennholzverleih schrieb dann schließlich nicht nur im Sommer feuerrote Gewinnzahlen. Nach der Pleite entschied er sich, sich bei einer Komparsenagentur zu melden, die hin und wieder diverse Typen, Männlein und Weiblein, für sinnfreie Vorabendsendungen, sogenannte Doku-Soaps, suchte. Bezahlung sei zwar hier auch so lala, aber die Drehorte lagen immer in den spanischen Urlaubsorten. Na ja, hatte sich der dicke Hauke gedacht: Hartz IV und der Tag gehört dir. Ein bisschen Nebentätigkeit sollte da kein Problem sein. Das Ergebnis dieser Idee saß nun also neben Schantall, die mittlerweile mit großen Augen, größter Aufmerksamkeit und einem leichten Sektsuff an seinen Lippen hing. Hauke hatte den Fehler gemacht und in kürzester Zeit die drei magischen Worte genannt, die jede Lebensform im Kosmos der Schantall in Ekstase versetzen. Während die magischen Begriffe im Kosmos der Normalbürger »Wochenende«, »Grillwetter« und »Länderspiel« sind, so nannte Hauke die für Schantalls gewünschte Schauspielkarriere im Süden Europas entscheidenden Schlagworte: *Love, Sun & Fun.*

Das eigentliche Ziel von Schantall, in diesen sieben Tagen möglichst konkurrenzlos braun, möglichst besoffen und möglichst begattet die Tage zu verbringen, musste dabei ja nicht in weite Ferne rücken. Und während Hauke ihr von Produktionsteams erzählte, die in den Urlaubsregionen ständig neue Gesichter für Seifenopern suchen, die sich auf dem geistigen Höhenniveau der 7. Sohle unter Tage befinden, träumte Schantall nun von dem, was ihr kein Bohlen dieser Welt verschaffen konnte: die große Schauspielkarriere bei Sonne, Spaß und Suff. Sie würde in vierzig Jahren als gealterte Filmdiva sagen können, dass ihre Karriere nicht auf dem Hollywood Boulevard und auch nicht in der Lee-Strasberg-Schauspielschule begonnen hatte, sondern durch den dicken Hauke auf der Busfahrt nach Lloret de Mar inspiriert worden war.

Kurz vor Zieleinfahrt in den Urlaubsort beugte sich Hauke noch mal lippennah zu ihr hinüber und bot ihr seine letzte Dose Sekt an, die Schantall aber nur noch schnarchend ablehnen konnte.

Die Ankunft von Damenpärchen der Marke Schantall und Kimberley auf Doppelzimmern in Hotelbettenburgen diverser Urlaubsorte bringt immer wiederkehrende Rituale ans Tageslicht. Da wäre zunächst das Rumfummeln mit dem überdimensionalen Zimmerschlüssel samt Anhänger an der Hotelzimmertür.

Sätze wie »Boah, hol ma einen, der uns dat hier aufmacht!« oder »Kimberley, kannse vielleicht ma dat Licht anmachen, damit ich auch dat Loch finde!« sind da eine oft beobachtete Begleiterscheinung. Der darauf folgende Ansturm in das Zimmer, bepackt mit Beautycase und Trolley, die zunächst in einem Zuge die Tür, die Wand des Zimmerflurs, die Toilettentür und den Einbauschrank des Hotelzimmers vermacken, sind dann die nächsten Schritte für den perfekten Einmarsch in die Welt des Zwei-Sterne-Deluxe-Urlaubes. Noch bevor es ans Auspacken selbiger Gepäckstücke geht, ist der erste Weg von Frauenpärchen in fremden Hotelzimmern immer der zum Vorhang. Vorhang auf, Balkontür auf, hinausgehen und den entscheidenden Satz sagen, der wie der Anlasser eines Autos die Urlaubssause nun starten lassen kann: »Guck ma, Kim, is dat nicht schön hier!? Und son geiler Pool. Da müssen wa gleich direkt ma rein.«

Im Falle von Schantall und Kimberley und im Hinblick auf den Gesamtreisepreis in Höhe von 180 Euro lief die Geschichte allerdings etwas anders ab. Der Hotelzimmerschlüssel ähnelte dem einer Toilettenanlage an Tankstellen, wo an besagtem Schlüssel immer gleich eine leere Ölkanne hängt, damit der

Schlüssel zum Ort der Glückseligkeit auch nicht verloren gehen kann. In diesem Falle war der Schlüsselanhänger jedoch keine Ölkanne, sondern eine überdimensionale spanische Flamenco-tänzerin aus Bast. Jedenfalls das, was noch davon übrig war. Die Probleme mit dem Türschloss ergaben sich auch nicht, da die Tür offen stand und das Schloss leicht herausgebrochen an-mutete. Bei aller Mühe war es auch nicht mehr möglich, irgend-etwas in diesem sogenannten Hotelzimmer zu verkratzen oder sonst wie zu beschädigen. Dieser Aufgabe hatten sich bereits jahrelang Dutzende anderer Touristen gewidmet, die unbedingt mal eine Busreise nach Lloret de Mar buchen mussten. Ein Vorhang zum Balkon war auch nicht nötig, da ohnehin kein Tageslicht in das Kellergeschoss eindrang und ein Balkon auf Souterrainniveau selbst einem spanischen Hotel überflüssig er-schien. Statt des erwähnten Satzes hörte man von Schantall und Kimberley also den Ausspruch: »Na ja, is ja nur für sechs Tage und den Rest von heute.«

Kimberley, die sich wahrscheinlich zu diesem Zeitpunkt schon sicher war, dass sie ohnehin die meiste Zeit dieses Urlaubes in fremden Betten schlafen würde, argumentierte dann auch mit dem entsprechenden Satz: »Is ja eh nur für nachts. Tagsüber sind wa ja inne Sonne.«

Wenn Frauen in einem Hotelzimmer einen Koffer (oder mehrere) auspacken, so ergibt sich häufig, also nicht nur im Fall von Schantall und Kimberley, eine entzückende und regelmäßig beobachtete Systematik. Alle Kleidungsstücke und Accessoires samt Schuhen, Bikinis und Slipeinlagen werden nicht einfach in den Schrank des Hotelzimmers geräumt, sondern erst einmal möglichst breit auf dem Bett, dem Fußboden und bei kleineren Zimmern bis in den Hotelflur ausgebreitet. Warum Frauen das so machen, weiß man nicht, da ja bereits beim Einpacken zu Hause ein ähnlicher Prozess in Gang gesetzt wurde. Wenn man nun davon ausgeht, dass auf der Anreise nichts verloren gegangen ist und sich nicht wie durch Geisterhand diverse Unterwäscheteile in den Ladeluken des Reisebusses in Luft aufgelöst haben, sollte man annehmen, dass alles da ist und sofort in den Schrank wandern könnte. Aber auf diese Weise hätte Miss-Kimberley-Notlösung ja gar nicht mitbekommen, welch geilen gestreiften Stringbikini Schantall kurz vor der Abreise noch geschossen hatte oder wie schön doch die strassbesetzten Badeschühchen im Sonnen... äh Neonlicht auf dem Zimmerfußboden glänzten.

Der bereits im Bus geäußerte Wunsch, direkt nach der Ankunft in den Hotelpool zu hüpfen, wurde durch die nun entstandene Fülle an Auswahlmöglichkeiten diverser Bikinis strapaziös in die Länge gezogen.

»Schantall, kannse getz ma hinne machen? Ich bin hier für zum Braunwerden und nicht für Modenschau.« Kimberley, die bereits fertig gedresst, na ja, sagen wir mit zwei Minirestfetzen Nippel- und Bärchenabdeckung bekleidet in der Tür des Hotelzimmers stand, fing Schantall nun langsam an zu nerven. Boah, die Cheyenne hät sich dat nicht getraut!, dachte sich Schantall, als es plötzlich an der Tür klopfte und ein recht verlebter Hauke sein rosarotes Mündchen öffnete. »Na, ihr beiden Hübschen, seid ihr denn auch gleich dabei?«

»Wobei?«

»Na, gleich is Casting für die Folge mit dem Barmixer!«

Oh, mein Gott! Da hätte Schantall doch beinahe wegen der Rumzickerei von Kimberley ihre Karriere als Filmdiva vergessen. Barmixer? Rolle? Spanien? Schantall war dabei!

Diese Planänderung führte dazu, dass sich die gereizte Stimmung im Hotelzimmer im Untergeschoss des Hostel del Sol noch weiter verschlechterte: Kimberley war stocksauer auf Schantall und schrieb den Besuch eines Beachclubs als oberste

Priorität auf ihre »To-do-Liste«. Schantall und der dicke Hauke machten sich unterdessen karriereorientiert auf den Weg zu einem Bürocontainer, in dem das Produktionsteam für diesen Samstag und, wie sich herausstellte, auch direkt im Anschluss für die kommenden sechs Tage noch ein paar Schauspieler, sagen wir Laiendarsteller, an Land ziehen wollte. Mindestens fünfzig einsame Gestalten sowie Pärchen von Frauen mit Männern hatten sich zu einer langen Schlange vor dem Blechbüro versammelt. Während sich weiter unten am Strand die braun gebrannten Bikinischönheiten an der Damentoilette um eine Rolle stritten, konnte man ein ähnliches Szenario nun auch hier bei der TV-Produktionsfirma beobachten. Der Begriff »Rudel*bildung*« war zwar angebracht, ließ aber nicht auf den Wissensstand der versammelten Gruppe schließen.

Nach geschlagenen vier Stunden in der brütenden espaniolischen Mittagshitze waren nun endlich auch Schantall und Hauke an der Reihe und erhielten ohne großes Vorsprechen und nur durch die Unterschrift unter einen dreißigseitigen Vertrag die für sie bestimmte Spielszene. Dass Schantall mit ihrer Unterschrift versicherte, für die nächsten sechs Tage für die Produktion 24 Stunden zur Verfügung zu stehen und sämtliche persönlichen sowie alle Menschenrechte und den eigenen Willen an die Produktionsfirma abzutreten, erkannte sie im Hinblick auf die große Schauspielkarriere nicht unmittelbar.

Schantall würde die nächsten sechs Tage zusammen mit Hauke ein Pärchen spielen, das verliebt in einer Bar im Hintergrund an einem Tisch sitzt und Sangria trinkt.

Na, klasse! Mit dem dicken Hauke ein verliebtes Pärchen spielen. Hauke fand die Idee entzückend und so wurden Schantall und dreißig andere, die spitz auf die vierzig Euro Komparsenvergütung waren, nun mit einem alten Transitbus nacheinander und stundenlang in eine alte Taverne ins Hochland oberhalb der Küste gefahren, während Kimberley sich im Strandclub von Lloret den ersten Kerl mit Fruchtbowle bettfertig soff. Es war aber auch zu schön, in einem so sonnigen Paradies, leicht bekleidet und mit einem Drink in der Hand in einem Beachclub Party zu machen und das Leben zu genießen. Das muss auch Schantall bei sich gedacht haben, als sie in dem im Hochnebel versteckten Berggasthof ankam und der übelgelaunte Schankwirt der Taverne dem Produktionsteam und den Komparsen die schwere Holztür zu seinem stinkigen Verschlag öffnete. Man muss zur Ehre Schantalls allerdings auch hinzufügen, dass sie diese 14 Stunden Drehzeit in der Kneipe bis in den frühen Morgen und auch die folgenden sechs Tage schauspielerisch wirklich toll meisterte. Wie sie dort mit ihrer koketten, ja fast lasziven Art hier und da gekonnt und ganz ohne Aufforderung der Regie ihre mit Extensions verlängerten blonden Haare lässig über die Schulter schmiss und mit dem dicken Hauke das perfekte Liebespaar mimte, war schon gekonnt. Einfach grazil und umwerfend weiblich. Von beiden Seiten her betrachtet.

Kimberley war nach den letzten sechs Tagen nun mittlerweile bei Sascha angelangt. Man könnte ihn auch Opfer Nr. 8 nennen. Ihr braun gebrannter Teint zeugte von unzähligen schönen Sonnenstunden am Strand von Lloret de Mar. Zwar gänzlich ohne Schantall genossen, aber bestens erholt. Schantall verbrachte die letzten sieben Tage Hollywood für Arme eher mit dem Leitsatz: »Ich kann auch ohne Spaß Alkohol haben!«

Sie tat mir dann letztlich schon ein wenig leid, wie sie da nun zusammen mit Hauke am Schreibtisch des TV-Aufnahmeleiters stand und sich von ihm anschreien lassen musste, wie sie denn die ganzen Szenen über immer diese dämliche Sektdose auf dem Tisch stehen haben konnte. Das wäre doch schließlich ein unaufgefordertes Product Placement und das hätte nun nicht nur einen ganzen Drehtag, sondern die ganze Drehwoche versaut. Nur ein Bruchteil der Aufnahmen wäre nun noch zu gebrauchen und Schantall und Hauke sollten sich doch bitte nie wieder bei einer solchen Produktion blicken lassen. Mit dem zugesagten Komparsenentgelt müssten erst einmal der entstandene Schaden gedeckt und die Umarbeitung des Videomaterials finanziert werden.

Die Busrückreise mit demselben Reisebus wie auf der Hinfahrt war nun ganz entspannt. Schantall hatte sich kreideweiß am ganzen Körper und mit ihrem Beautycase auf den Knien direkt hinter den Busfahrer gesetzt, um niemandem im Bus zu irgendwelchen Vorkommnissen Rede und Antwort stehen zu müssen. Vollgedröhnt bis zur Haarspitze mit Wodka und dem süßen Beigemisch hatte sie nun das Gefühl, Flügel verliehen bekommen zu haben, und träumte friedlich vor sich hin, wie sie aus dem Bus abhob und braun gebrannt im Bikini über die französische Mautstation, ohne zu warten, in zwei Minuten zurück nach Bochtrop-Rauxel flog. Hauke hatte sie seit dem Rapport beim Aufnahmeleiter nicht mehr zu Gesicht bekommen, was für den armen, kleinen, dicken Mann wohl auch gesünder war. Kimberley hingegen saß, wie sollte es auch anders sein, ausgelassen auf der letzten Bank des Busses und soff Dosensekt. Sie hatte am letzten Tag Sven kennengelernt, einen gerade mal 17-jährigen bepickelten Spaßmacher mit Gitarre, mit dem sie und zehn andere Pubertätsgeplagte nun *Whiskey in the jar* grölten und dabei um die Wette rülpsten.

Nach der Ankunft in Bochtrop-Rauxel am späten Abend des Folgetages schaffte es dann nicht mal Omma Pröllmann, Schantall durch die Rückgabe des geliebten Sohnes Tschastin in eine bessere Stimmung zu versetzen. Schuld daran war wohl das zerschmetternde Urteil zum Sommerurlaubsevent 2012: »Biss ja gar nich braun geworden. Bisse krank?«

WAS HÄNGEN BLIEB:

Erneut gelang es mir als frischgebackenem Sozialarbeiter, einen tiefen und sehr intensiven Einblick in die Lebensgewohnheiten und Gepflogenheiten der Schantall Pröllmann zu erlangen. Erneut konnte ich auch hier beobachten, dass familienfremde Wesen nicht zwangsläufig in die warmherzige, schantallsche Gefühlswelt mit einbezogen wurden.

Das Phänomen des Triebes, ferne Welten, vorwiegend in südeuropäischen Gefilden und in einer gewissen Regelmäßigkeit aufsuchen zu wollen, ließ sich also mit meinen Beobachtungen Schantalls belegen. Der anscheinend genetisch festgelegte Zwang, die Wahl des Urlaubsortes ausschließlich auf die Eckpunkte des Promilledreiecks Mallorca, Ibiza und Lloret de Mar fallen zu lassen, ließ sich hier instinktiv beobachten und fast eindeutig nachweisen.

Es war dabei faszinierend zu beobachten, dass Schantall und Co Planungen für die sogenannten erholsamsten Wochen des Jahres meist anhand von drei absolut notwendigen Kriterien durchführen. Das Wichtigste ist dabei die Tatsache, dass man sich an dem infrage kommenden Urlaubsziel möglichst auffällig, sprich möglichst dünn bekleiden kann. Eine dunkelblaue, metallic glänzende Daunenjacke macht in Verbindung mit einem coolen roten Wollmützchen und den dazugehörigen Fellfäustlingen mit Bommelchen sicher im Winter einiges her. Sie eignen sich aber nicht wirklich zum Wohlbefinden in einem Jahresurlaub im Sommer. Somit fallen circa fünfzig Prozent der Erdkugel, also typische Urlaubsregionen wie Alaska, Nowosibirsk und Island, in denen man sich derart anziehen müsste, um halbwegs atemwegsunbeschwert 14 Urlaubstage über die Bühne zu bringen, schon einmal flach. So bleiben also zur möglichen finalen Wahl der Urlaubsregion im Prinzip nur die Gefilde zwischen dem Gardasee im Norden und Kapstadt im Süden unseres bezaubernden Planeten. An dieser Stelle tritt das zweite ausschlaggebende Kriterium in Kraft, das nun notwendig ist, um mit schantallscher Zielsicherheit das perfekte Urlaubsdomizil für die Sommerferien zu erhaschen.

Wo gibt es die geilsten Kerle und in Kombination damit die meisten Partys mit den notwendigen Begleiterscheinungen Gesöff und Musik? Die terrestrische Anzahl an Auswahlmöglichkeiten schrumpft nun plötzlich um weitere Tausende Quadratkilometer. Denn mal ganz ehrlich: Wer möchte schon in Zentralafrika, in der Tiefebene des Ngorongoro-Kraters, eine Sangriaparty mit Strohhalmen und minderbemittelten Pickelteenies feiern und dazu »da hat das rote Pferd sich einfach umgekehrt und hat mit seinem Schwanz die Fliege abgewehrt« singen?

Die dort lebenden Massai wären dann trotz ihrer mittlerweile erarbeiteten Gewöhnung an Touristen wohl doch etwas irritiert. Somit fallen nicht nur der ganze afrikanische Kontinent, sondern auch die beliebten Regionen wie Thailand, die Karibik, die Türkei und die Pulverfässer im Nahen Osten als mögliche Reiseziele für Schantall flach. Hier ist es mit dem Sangria und dem spärlichen Bikinioberteil ja ohnehin schwierig, Problemen aus dem Weg zu gehen. Als echte Pröllmann ist Schantall da weltgewandt genug, solche Gepflogenheiten zu respektieren. Der dritte und wahrscheinlich nicht sehr unwichtige Grund im Gesamtkonstrukt Urlaubsortfindung ist dann die liebe Geldfrage. Zugegeben: Im Zeitalter der Billigairlines, in dem man ja bereits für 2,79 Euro (plus 4769 Euro Luftverkehrsschutzgeld und Kerosinzwangsabgabe) bis nach Timbuktu fliegen kann, ist die Anzahl neu zu entdeckender Reiseziele und Urlaubsorte schon erheblich gewachsen. Da spielt auch der kleine Geldbeutel gern mal *La paloma*. Dass man bei diesem günstigen Flug*grund*preis dann einen Stehplatz ohne Halteschlaufe erhält, Gepäck und schwere Anziehsachen wie Feinrippunterhosen verboten sind und somit nicht mit in die Maschine dürfen, ist da doch nebensächlich. Auch die reduzierte Bordverpflegung auf dem 14-stündigen Langstreckenflug, die sich auf ein tiefgekühltes, hartes und nach dem Auftauen knochenhartes Käsebrötchen beschränkt, kann man da außer Acht lassen. Der Kölner würde hier von einem leckeren »halven« Hahn sprechen, der kein Kikeriki mehr macht. Aber zurück zur Urlaubsortwahl von Schantall und Co.

Nachdem nun also klar ist, dass man trotz steigender Benzinpreise im Gruppenverband eines Reisebusses recht preisgünstig von A nach B kommt, beschränkt sich die Auswahl der möglichen Urlaubsorte oft nur noch auf wenige mögliche Ziele. Das bereits erwähnte goldene Dreieck Mallorca-Ibiza-Lloret bietet da die beste Kombination aus billig hinkommen, billig wohnen, Sonne satt und schlagergrölenden Kerlen, die die schirmchenbestückten Longdrinkgläser schon bereithalten. Der hier abgespulte Urlaub, meist in Pärchenverbünden Tussi/Tussi, Mann/Mann, ganz selten auch Frau/Frau und noch seltener Frau/Mann sowie ganz häufig Mann/Mann/Mann/Mann/ Mann/Mann/Mann/Mann/Mann/Mann/Mann (Anmerkung des Autors: Fußballklubs im Spätsommer) folgt dabei meist einem konkreten Schema. Ankunft meist abends im Regen an einem unbeleuchteten Hostel mitten auf der lautesten Hauptverkehrsmeile im Zentrum des Urlaubsortes. Weißer (mittlerweile schwarzer) Betonplattenbau mit fragwürdiger Baugenehmigung aus den Sechzigerjahren. Balkone, die grundsätzlich zur Straße liegen, auf denen immer ein versprengter Jugendlicher mit einer Bierkanne in der Hand auf einem Stahlrohrstuhl mit Lehne und Sitzfläche aus Gummistreifen sitzt, um seinen Rausch zu fokussieren und gleichzeitig weibliches, noch ungebratenes weißes Frischfleisch am Hoteleingang zu beobachten. Die Anordnung der nassen Handtücher auf den Balkongeländern gibt gleich an, in welcher Etage der BVB, der FC Schalke 04 und die Bayernfans zu Hause sind. Die deutsche Nationalmannschaft ist dabei patriotisch mit Schwarz-Rot-Gold am häufigsten wiederzufinden. Nach einem bescheidenen Frühstück bei brauner kaffeeähnlicher Substanz und einem spanischen Brötchen mit der Belagauswahl Marmelade und na ja, Marmelade halt, geht es zielsicher meist direkt zum überfüllten Strandabschnitt, um sich hier erst mal darüber aufzuregen, warum es denn in der ersten Reihe am Wasser so voll ist. Warum kann die Regierung denn nicht mal dafür sorgen, dass in der ruhigen Bucht nebenan mit ihrem zwei Kilometer langen leeren Strand nicht endlich mal eine Bierbude aufgebaut wird?

Der Tag wird also in der Regel bis circa 16.00 Uhr damit verbracht, in der Sonne zu liegen, dadurch braun zu werden und sich durch dieses Nichtstun in diversen Körperhaltungen einem andersgeschlechtlichen Wesen für die mögliche Zusammenkunft in der abendlichen Blitzlichtdisse zu empfehlen. Frauen und Männer posen da jedoch anscheinend auf zwei verschiedene Arten.

Frauen liegen entweder oberteilfrei auf dem Bauch und denken sich während des Rückenbräunens: »Ihr Kerle könnt lange warten. Ich dreh mich nicht um.« Oder sie liegen auf dem Rücken auf die Ellbogen gestützt, um die Lage zu sondieren. In dieser Position kommen die Sonnenbrille aus dem Flughafenshop und der Look der lässig eingenässten langen Haare mehr zur Geltung. Außerdem ist die Präsentation der Oberweite einfacher praktizierbar, sodass sich die Frauen denken können: »Ihr Kerle könnt lange warten. Ich zieh das Oberteil nicht aus.«

Männer haben ebenso ausschließlich zwei Sitzpositionen, mit denen sie am Strand eines Urlaubsortes den Weibchen imponieren möchten. Da beobachtet man zum einen den hawaiishortsbekleideten Sportstudenten, der lässig auf der Seite liegt, sich auf seinen Ellbogen stützt und somit sowohl seine Sonnenbrille als auch seine neue Uhr aus dem letzten Outleteinkauf mit seiner daheim gebliebenen Freundin präsentieren kann. Den Kopf durch diese Liegeposition etwas erhoben, kann er die Lage auf der Suche nach Beute gut überblicken. Die andere Position verwendet der auf Kumpeltyp machende, leicht korpulente Bankazubi, der bedingt durch die Plauze am Strand häufig nicht auf sein besticktes Markenpolohemd mit hochgestelltem Kragen verzichten möchte und wegen der Leibesfülle auf einem Strandlaken auch nur im Schneidersitz ruhend eine halbwegs gute Figur macht. Er ist daher mehr der Typ, der sich mit mexikanischem Bier Mut antrinkt und sich dann mit einem Sportstudenten im Schlepptau direkt auf den Weg zu den Handtüchern der weiblichen Opposition macht. Hier fallen dann meist originelle Sätze wie »Na, auch hier?« oder »Irgendwoher kenne ich dich!«.

Der Abend beginnt für Frauen in diesen Urlaubsregionen also gegen 16.00 Uhr, wenn man sich zeitig zum Styling aufs Hotelzimmer zurückziehen muss. Dieser Vorgang ist jedoch recht schnell erledigt, und so beginnt bereits nach vier Stunden das Vorglühen in einer Szenebar an der Strandpromenade. Das anschließende Abfeiern bis 6.00 Uhr morgens in einer dancefloorgeschwängerten Kellerdisco ist meist der Abschluss eines typischen Urlaubstages dieser Kategorie. Um 9.00 Uhr fängt dann nach zweistündiger Schlafpause der neue Tag der »erholsamsten« Tage des Jahres an.

Wollen Sie auch einmal Ihre Sommerferien nicht mit der ganzen Familie und den Kindern in einer Frühstückspension in St. Peter-Ording verbringen? Dann empfehle ich ganz einfach Folgendes: Treten Sie einem Fußballverein bei und warten Sie bis September. Zu diesem Zeitpunkt gibt es keinen Fußballklub,

der nicht mobilisiert durch die Gruppendynamik dazu über-
geht, eines der meist spanischen Urlaubsziele der Mittelmeer-
küste aufzusuchen. In einer so großen Gruppe zwischen dem
Vollpfosten aus dem Tor, dem großen hübschen Hünen aus dem
Sturm und dem leicht bekifften Scooter-Fan aus dem Mittelfeld
können Sie mal so richtig die Sau herauslassen, ohne gleich als
Individuum in Misskredit zu fallen. Und wenn Sie dabei von
dauergewellten Schönheiten mit künstlichen Fingernägeln angesprochen werden, so geben Sie sich einfach als Trainer, also
eine Art Chef, aus, der die ganze Sause mit der guten Stimmung
neulich eigenständig organisiert hat. Sie werden der Star sein.
Werden Sie jedoch vom entsetzten, dekadenten, aber hübschen
Damentrio am Nachbartisch angesprochen, so weisen sie sich
als Teamarzt aus, der auf der Düsseldorfer Königsallee sonst als
Chirurg praktiziert und von den Prolls für die liebevolle und
ehrenamtliche Behandlung der Blessuren zur Mitreise genötigt
wurde. Sie werden sehen, wie unauffällig man sich in diesem
Getümmel von Urlaubern bewegen kann, ohne wirklich aufzufallen. Viva España!

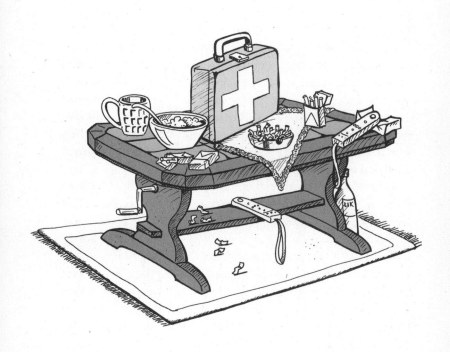

4. KAPITEL

MY HOME IS MY CASTLE

Die sogenannten Doku-Soaps im TV haben uns Normalsterblichen in den letzten Jahren sehr gelungen demonstriert, warum wir für das Privatfernsehen nie Gebühren zahlen würden. Sie haben uns aber auch einen großen Nutzen erwiesen. Wie sehr hat es uns in grauer Vorzeit doch beschäftigt, was wohl hinter den verschlossenen Türen anderer Haushalte in diesem großen Lande so vor sich gehen mag und ob es dort tatsächlich so anders, so viel besser oder katastrophal schlimmer aussieht als in den eigenen vier Wänden.

TV-Formate, bei denen mit der handlichen Videokamera bis unter die nicht gemachten Betten gefilmt wird oder wir live dabei sind, wenn sich Mütter mit ihren Kindern bis aufs Blut bekämpfen, wie wir es sonst nur in den Tierdokumentationen über Seekuhbullen bei arte kennengelernt haben, sind einfach der Renner. Umherfliegende Mittagessen und die ganze Bandbreite der Fäkalsprache in nur sechzig Minuten, inklusive 15 Minuten Klingeltonwerbespots, präzise auf den Punkt gebracht. Ein Traum für alle, die zum Gaffen früher mühsam mit dem Auto auf die A3 mussten, um dort Massenkarambolagen zu beäugen.

Doch was macht den Reiz daran aus, televisionär in anderer Leute Privatsphäre einzudringen, um sich das dortige Elend per Fernbedienung antun zu wollen? Ich habe aufgrund meiner vielen Besuche im Hause Pröllmann einen Einblick in das schantallsche Privatleben bekommen und habe den Eindruck, dass ich der Antwort vielleicht ein Stück nähergekommen bin.

Als Beispiel möchte ich den Tag einer großen Familienzusammenkunft beschreiben, wie sie im Hause Pröllmann häufiger zelebriert wurde, wobei die Dynamik innerhalb dieses personenreichen Klans oft der eines Wolfsrudels ähnelte. Gestreut wurde ebenso wie gefuttert meist in der Gruppe, aber trotzdem kämpfte jedes Rudelmitglied für sich, um die Position im Rudel und im Revier möglichst zu verbessern. Das Revier, von dem hier die Rede ist, ist die Mietwohnung der Pröllmanns in Bochtrop-Rauxel. Eine Stadt mit Stadtteilen inmitten des Ruhrgebiets, die so wie jeder Stadtteil seine schönen und seine notwendigen Seiten hat. Die schönen Seiten einer Stadt sind dabei meist die Orte, an denen jeder Einheimische oder Immigrierte gerne leben, wohnen und arbeiten möchte. Der notwendige Teil des Stadtgebiets ist der große Rest.

Mit ihren 24 Jahren wurde es für Schantall eigentlich langsam Zeit, die heimischen vier Wände von Gluckenmutter Hildegard zu verlassen, um sich mit Sohn Tschastin in einen anderen »notwendigen« Teil der Stadt zu verkrümeln. Der plötzliche und ja leider ungeplante Wurf Schantalls mit dem kleinen Spross bescherte ihr allerdings einen zeitlichen Aufschub, da ihre finanzielle Situation zu diesem Zeitpunkt mit ihren gehobenen Ansprüchen einfach nicht unter einen Hut zu bekommen war. Und so wohnten halt alle bis dato unter einem Dach.

Die angesetzte Familienfeier, um die es ging, stand ganz im Zeichen der Krankenhausentlassung von Vater Günther Pröllmann, den alle intern nur »Vadder« (Sohn Jason), »Boahpappa« (Schantall) oder »Meingottgünther« (Ehefrau Hildegard) nannten. Der richtige Name »Günther« fiel eigentlich nur, wenn Omma Helene mal wieder ein ernstes Wort mit ihrem suchtgeplagten Sohn reden musste.

Während Vadder Günther nun also von Sohn Jason nach überstandener Lungenbehandlung unbeschadet aus dem Krankenhaus nach Hause kutschiert wurde, bereiteten Schantall, Mutter Hildegard und auch die Omma in der Küche einen Willkommenskartoffelsalat vor, der beim anschließenden Besäufnis im Wohnzimmer der Pröllmanns den Anschein erwecken sollte, dass man sich nicht ausschließlich alkoholischen Genüssen hingibt. Schließlich brauchte ein guter Bommerlunder ja auch ein weiches Bett, auf dem er sich im Magendelta geschmeidig ausruhen durfte.

Großwohnanlagen wie die, in denen die Pröllmanns nun schon seit vielen Jahren lebten, haben durchaus Besonderheiten, die man in einem normalen Mietshaus vielleicht nie zu Gesicht bekommt und jedem Paket- und Briefboten immer wieder einen Ausdruck des Entsetzens auf das Gesicht zaubern. Nach einem Empfang an der eingeschlagenen Glashaustür mit fünfhundert Klingelschildern, feinsäuberlich über- und nebeneinander angeordnet, folgen eine ähnliche Anzahl an meist kunstvoll verbogenen Briefkastentüren sowie etwas weiter Wohnungen, die man nur mit GPS und persönlichem Guide auffinden kann, da das Haus durch sogenannte Laubengänge, Verschachtelungen innerhalb der Etagen und abgeschlossene Flurtüren zum architektonischen Albtraum geworden ist. Die Architekten dieser Bauten, die wahrscheinlich oder zum Glück heutzutage gar nicht mehr leben, hätte man vielleicht mal für eine Woche in ihre eigenen Betonbunker einsperren sollen. Sie wären vermutlich aufgrund von Desorientierung elendig in den Weiten der Fahrradkeller zwischen Sperrmüll und Müllschlucker an Einsamkeit krepiert.

Zudem muss man sich fragen, warum in einem Haus, in dem gefühlte tausend Menschen leben und wohnen, Aufzüge eingebaut werden, in denen man besoffen nicht einmal umkippen kann, weil man aufgrund der schmalen Abmessungen noch im Fallen an den nicht funktionierenden Alarmknopf gerät, der einem beim weiteren Versuch zusammenzusacken dann an der Nasenöffnung hängen bleibt und verhindert, dass man am anderen Morgen mit dickem Schädel auf dem Boden der Zelle vom Hausmeister aus dem aufzugähnlichen Vehikel befreit werden muss. Wahrscheinlich haben sich die Konstrukteure solcher Aufzüge gedacht, dass die Bewohner dieser Platten-bauten ohnehin keine Vollholzkommoden oder Flügel trans-portieren wollen, sondern ihre Möbel beim Discounter kaufen und somit nur Platz für längliche Kartons benötigen.

Vadder Pröllmann wurde im Krankenhaus ja zum Glück wegen Lungenbeschwerden und nicht wegen Platzangst kuriert, sodass der Aufenthalt mit Sohn Jason im Aufzug zwar eng, aber nicht lebensbedrohlich für ihn war. Die Durchschnitts-geschwindigkeit solcher Aufzüge liegt in der Regel bei ge-fühlten vier Metern pro Stunde und so war man rechtzeitig zur geplanten Wiedersehensfeier am frühen Abend in den wohlgewärmten eigenen vier Wänden der 70-Quadratmeter-Wohnung im elften Stock angekommen. Sohn Jason hatte Vadder Pröllmann bereits während der mehrstündigen Auf-zugfahrt von seiner neuen Spielkonsole vorgeschwärmt, die interaktiv sei, also zum Mitmachen anrege und heute unbedingt ausprobiert werden müsse, da man ja schließlich nicht primitiv erscheinen wolle, wenn man sich tagein, tagaus nur mit Killer-spielen die Zeit vertreibe. Spielpapa Pröllmann willigte direkt ein und somit nahm das Schicksal bereits vor ihrem Betreten der Wohnung seinen Lauf.

Schantall war unterdessen im Wohnzimmer damit be-schäftigt, den Kartoffelsalat auf Pappteller zu verteilen, da die im Hause Pröllmann vorhandene Anzahl an Geschirrstücken aus Porzellan in etwa der der vorhandenen Bücher im Wohnzimmerschrank entsprach. Also irgendetwas zwischen zwei und fünf. Zu wenig also, um den ganzen Klan stilvoll mit vernünftigem Geschirr zu bewirten. Aber Pappteller brachten ein ganz besonderes Flair in die Veranstaltung und verhinderten zudem das mühsame Spülen der Überbleibsel einer solchen Fressorgie. Die angesprochenen Bücher im Wandschrank waren in diesem Fall übrigens der Otto-Katalog von 1998 und das Postleitzahlenbuch mit zierender Weinbrandbefleckung.

»Ey, Jason! Du has keinen Plan! Kartoffelsalat muss ziehen!«, gab Schantall direkt nach Jasons Ankunft im Wohnzimmer Auskunft darüber, warum der Kartoffelsalat bereits zu diesem frühen Zeitpunkt auf die Pröllmann'schen Pappteller geschmiert werden musste und nun gut achtzig Prozent des schmalen Couchtisches einnahm. Dass sie dieses kulinarische Wissen so selbstsicher von sich geben konnte, lag aber mehr am kurz zuvor erfolgten Hinweis von Salatprofi Omma Helene als an ihren eigenen Kochkünsten.

Und während Boahpapa Günther die 14-tägige Abwesenheit aus seiner Wohnung nun erst einmal mit einem Schluck Scharlachberg aus der Pulle vergessen lassen wollte, war Sohn Jason eifrig damit beschäftigt, seine bereits ins Gespräch gebrachte Spielkonsole aus seinem Zimmer zu holen, um sie zum ersten Mal im Wohnzimmer an den 98-Zoll-Fernseher anzuschließen. Mutter Hildegard war davon gar nicht begeistert, da sie durch das Verrücken des Telefontischchens bereits den ersten Teller Kartoffelsalat auf den Boden fliegen sah.

»So, mein Freundchen! Und die Schweinerei tuste getz ma direkt wieder von Teppich machen!«

»Schantall, mach *du* dat ma, ich muss doch dat HDMI in den anderen Slot machen!«

Schantalls Bruder Jason war zugegebenermaßen das Technikgenie in der Familie, aber ein Putzfrauenjob auf dem Filzläufer der Pröllmanns passte ihm zur Wiedersehensfeier nun gar nicht und so blieb der Kartoffelsalat eben liegen. Der Kartoffelsalat unten und der Pappteller darüber. Zumindest konnte so niemand in das Gematschte hineintreten.

Das Wohnzimmer der Pröllmanns war sicher keine Homestory in der *Schöner Wohnen* wert. Es gab jedoch einen Eindruck davon, wie sich eine Familie wie die Pröllmanns privat wohlfühlt. Die Wohnung war auch keine Werbebroschüre für alle Sozialwohnungen dieses Landes, gab aber Aufschluss darüber, wie es in vielen Wohnungen dieser Art stilspezifisch zugeht. Und während die Privatsender nun dazu übergegangen sind, dem angewidert-begeisterten Fernsehzuschauer Messie-Wohnungen zur besten Sendezeit zu präsentieren, so kann man bei den Pröllmanns lediglich von einer gepflegten Chaos-Wohnung sprechen. Unordnung mit System und Schmutz, der vom Prädikat »ekelhaft« weit entfernt war, aber sich zielstrebig an die Marke »gesundheitlich bedenklich« heranrobbte. Und das lag nicht nur an Kartoffelsalatresten auf vererbten Filzläufern.

Das Wohnzimmer strahlte schon deshalb eine gewisse Gemütlichkeit aus, weil es bis in die letzte verfügbare Ecke zugestellt worden war. Hier befanden sich nicht nur die typischen Wohnmöbel, Couch, Schrank und Fernseher, die eigentlich jeder in seinem Wohnzimmer hat, sondern vor allem die ganzen »dekorativen« Elemente, die mit zweitem Namen Schmutzfang hießen, und Plunder, der von Sohn Jason und Vadder Günther vorübergehend zwischengelagert wurde, da der zwei Quadratmeter kleine Abstellkeller seit Jahren für den kaputten Kickertisch vom Sperrmüll benötigt wurde.

Das optische Ambiente des Wohnzimmers wurde von den terracottafarbenen Wänden und nussbraunen Möbeln geprägt. Diese Farbkombination finde ich derzeit in vielen Wohnungen der Marke Pröllmann wieder. Als wenn die Möbelindustrie einen rigorosen Strich zwischen geschmackvollem, etwas höherpreisigem Wohnen und dem Kauf von Discountermöbeln ziehen möchte, werden preiswertere Möbel ausschließlich in den Furnierholzfarben helle Buche, Ahorn und eben topmodisch kackbrauner Nussbaum-Koloration angeboten und auch konsumiert. Eiche rustikal, ade! Nussbaum, wir kommen! So steht die hippe Kombination aus weißem Glanzlack und dunkelbraunem Nussbaumfurnier nun in fast jedem ähnlich aussehenden Wohnzimmer dieser Republik.

Bestückt sind die Schrankwände erstaunlich oft mit dem obligatorischen Flachbildfernseher und der darunter liegenden Schublade für die *The Fast and the Furious*-DVD-Reihe. Für Papas Pornos gibt es die Möglichkeit der diskreten Platzierung unterhalb dieser Schublade hinter der Fußabschlussleiste, die nur aufgeklemmt ist und somit bei spontanem Bedarf schnell mal den Platz freimacht für diverse Heimatfilmchen der freizügigen Art.

Raum für Dekoartikel bot sich in der Pröllmann'schen Schrankwandkombination jedoch wenig, da Muttis Porzellanpuppensammlung bereits mindestens fünf Regalböden beanspruchte und zudem ein Zuhause für großvolumige Staubbällchen schuf.

Die Wände waren, wie gesagt, terracottafarben gepinselt und mit der handwerklich eindrucksvollen Wischtechnik vollkommen mediterran verunstaltet. Hierdurch sollte ursprünglich ein Hauch südeuropäisches Flair in die Finca Pröllmann Einzug halten, da die klassische weiße Raufasertapete selbst Omma Helene irgendwann zum Halse herauskam. Die gleich mit eingepinselten Tür- und Fensterrahmen sowie die farbspritzergesprenkelten Steckdosen und Lichtschalter rundeten das Ensemble ab. Die Verschönerungen mit Filzmalern und

Pokémonaufklebern durch den kleinen Tschastin gaben der Tapete schließlich die finale Note.

Die Couchgarnitur war in diesem Fall eine 18-sitzige Wohnlandschaft über Eck, im Kreis und dreimal rund durchs Wohnzimmer, auf der im Zweifel alle Familienangehörigen samt Bewährungshelfer, Sozialarbeiter und Kripobeamten gleichzeitig Platz finden konnten, sodass man im Hause Pröllmann auf alle Eventualitäten vorbereitet war. Schließlich benötigte Meingottgünther Pröllmann hier und da ja auch einen Platz für seinen wohlverdienten Weinbrandmittagsschlaf. Die Farbkombination war im Falle der Couchlandschaft ein wenig unpassend zur Schrankwand und zur Terracottatapete der Farbton Bunt mit Muster. Das Muster war zwar nicht eindeutig zuzuordnen, aber von Beginn an fernab von jeglicher sinnvoller Ornamentik. Zudem hatten Reste von Kräuterbutter, Brandflecken und Barbecuesauce der Couch im Laufe der Jahre eine eigene Ornamentik verliehen, die das Möbelstück zu einem Unikat werden ließen.

Der vor dem Ungetüm platzierte, nicht ganz der Größe der Couch angepasste Couchtisch wurde seinerzeit noch vom Oppa unter dem vielversprechenden Titel »Multifunktionstisch« angeschafft. Er bestach zum einen durch seine Mechanik, die es erlaubte, die Tischplatte mit einer kleinen seitlich angebrachten Kurbel nach oben und bei Bedarf auch wieder nach unten zu kurbeln. So konnten im Pröllmann'schen Wohnzimmer sowohl die Nahrungsaufnahme als auch wichtige schriftliche Korrespondenzen mit der Arbeitsagentur oder das Schneiden der Fußnägel immer auf der ergonomisch korrekten Arbeitshöhe vonstattengehen. Jedoch wurden bei den Pröllmanns häufig alle drei Beschäftigungen gleichzeitig ausgeführt. Nicht zu vergessen beim Thema Couchtisch wären da noch die charakteristischen sechs gebrannten feuerroten Fliesen, die in die Mitte der Tischplatte eingelegt worden waren und der Zigarettendrehmaschine einen hübschen Untersatz boten.

Direkt neben der überdimensionierten Couch-Wohnlandschaft befand sich der von Omma Helene beigesteuerte Esstisch aus massivem Eichenholz, der zwar todunmodern wirkte, aber selbst bei groben Familienzwistigkeiten einfach nicht kaputtgehen wollte. Somit war er neben der bereits mangelhaft aufeinander abgestimmten Schrankwand und Couch das dritte Möbelstück, das leider überhaupt nicht zur himmelblauen Auslegeware auf dem Fußboden passen wollte. Die Pröllmanns zeichneten sich nun mal dadurch aus, dass sie zwar das einzelne Möbelstück im Laden optisch ganz reizvoll fanden, sich aber überhaupt keine Gedanken darüber machten, ob es denn in irgendeiner Form farblich oder stilistisch zu den bereits erstandenen Einrichtungsgegenständen passte. Somit konnte man die Wohnung als das Pröllmann'sche Panoptikum beschreiben, das schon ohne zusätzliche Dekoelemente eine spezielle, aber gemütliche Note entfaltete.

Die Deko, die man hier zu Gesicht bekam, waren die Teelichter aus dem 500er-Polybeutel, die anscheinend jeden Winkel der Wohnung zieren sollten, aber entweder immer abgebrannt waren oder nie entzündet wurden. An der Wand hing das mit Airbrushtechnik erschaffene Bild der Landschaft aus dem Fantasiereich mit schwarzem Rahmen und integrierter LED-Effektbeleuchtung direkt am aufgesprühten Wasserfall. Dazu passte auch die auf der Fensterbank platzierte Shishapfeife, für die Sohn Jason in seinem Zimmer einfach keinen Platz mehr hatte und die auch Vadder Pröllmann gerne mal als Zigarettenersatz anschmiss. In der hinteren Ecke des überschaubar dimensionierten Wohnzimmers saß noch ein übergroßer Porzellanleopard mit knapp 1,50 Meter Schulterhöhe, der dem ganzen Zimmer dann wieder eine etwas exotischere Note ver-

lieh. Und abschließend seien vielleicht die lustigen Fenster-
bilder erwähnt, die durch spaßige bunte Delfinbildchen dem
Passanten, der ganz steil nach oben blickte, verdeutlichten, dass
es hier anscheinend auch mal lustig zur Sache ging. Zur Weih-
nachtszeit wurden diese Glasbilder durch noch viel lustigere, in
allen Farben der Welt blinkende Leuchtsterne ersetzt. Dann begann die hauseigene Pröllmann'sche Adventskirmes mit vielen
lustigen Farb- und Lichteffekten.

»Schantall, hol ma die Wiimotes!«, befahl Jason nun seiner
Schwester.

Die mittlerweile durch Mutter Hildegard doch noch zum
Teppichputzen genötigte Schantall begann sich daraufhin langsam zu verfärben. Der Ablauf dieser Wiedersehensfeier und der
dämliche Einfall von Bruder Jason, ausgerechnet jetzt die interaktive Spielkonsole im Wohnzimmer testen zu wollen, gingen
ihr mächtig gegen den Strich und sorgten dafür, dass ihr Kopf
langsam die Farbe eines Himbeerlutschers annahm.

Vadder Günther war unterdessen auf der Ornamentikcouch
eingepennt und schnarchte.

»Jason, boah halt getz ma die Fresse! Isch bin hier voll im Stress.
Hol deine blöden Wiimotes ma alleine!« (Kurze Anmerkung:
Wiimotes sind heute das, was man in den Achtzigern am Atari
mal »Joystick« nannte. Nur ohne Kabel und irgendwie anders.)

Nun schaltete sich auch langsam Omma Helene ins Geschehen ein, da sie, vom Geschrei aus dem Wohnzimmer angelockt,
nun auch mal die spartanische Einbauküche verlassen wollte.
»Kinders, getz is ma Ruhe hier! Die Omma is heut nich so gut.
Schantall, tu getz ma die Omma den Eierlikör aus den Schrank
holen. Und Jason, du tust dat mit die Kabel hier ma wech! Sonst
fällt die Omma noch.«

Die Pröllmann'sche Küche war von der Grundfläche her
in etwa so groß wie eine Isolationszelle auf Alcatraz. Öffnete

man beispielsweise die Kühlschranktür, so war gleichzeitig der Raum zugesperrt. Dies hatte den Vorteil, dass man im Prinzip gar keine Zugangstür für den Raum benötigte, da man im Falle, dass man mal in Ruhe kochen wollte, einfach den Kühlschrank offen stehen lassen konnte. Trotz dieser recht eingeschränkten Möglichkeiten hatten es die Pröllmanns geschafft, einen kleinen Klapptisch mit Stuhl im Raum unterzubekommen, dessen Tischplatte zwar so sehr mit Marmelade beschmiert war, dass er im hochgeklappten Zustand schon von alleine an der Wand hängen blieb, aber im Falle eines Spontanfrühstücks in der Küche auch mal für einen Kaffee zwischendurch genutzt werden konnte. Das übliche Frühstück der Pröllmanns, bestehend aus einer Flasche Cola und einer Packung Cornflakes, konnte schließlich auch problemlos ohne Tisch auf der Wohnzimmercouch, im Bett oder während der Morgentoilette zu sich genommen werden. Man war diesbezüglich flexibel im Hause Pröllmann. Die frühmorgendlichen Aufstehzeiten ab circa 11.00 Uhr waren ja ohnehin nicht so eng gesteckt, da die noch arbeitslose Schantall meist etwas später dinierte als der Frühaufsteher Jason, der bereits um 10.50 Uhr von Mutter Hildegard aus dem Bett geschmissen wurde, damit er noch halbwegs rechtzeitig in die Berufschule für Maurer gelangen konnte.

Ansonsten bot die Küche der Pröllmanns eigentlich nur die absolut notwendigsten technischen Annehmlichkeiten, die in jeder zwei Quadratmeter großen Küche vorhanden sein sollten, um einen halbwegs geregelten Speise- und Getränkebetrieb zu ermöglichen. Hierzu zählten bereits vor vielen Jahren durch Teleshopping erworbene Errungenschaften wie ein Brotbackautomat, ein elektrischer Icecrusher, eine Eiskugelmaschine und ein Schokoladenbrunnen, die mehr Steckdosen benötigten, als im gesamten Hochhaus zu finden waren, aber natürlich auch nicht alle gleichzeitig benutzt wurden. Im

Prinzip waren sie nur einmal benutzt worden, als Test, ob sie funktionierten. Und als die Pröllmanns feststellten, dass sich die Biester allesamt nicht von selbst reinigen, wurden sie in die Hängeschränke verbannt, wo sie bis heute den Platz einnehmen, den bei anderen Familien vielleicht Geschirr oder gesunde Lebensmittel für sich beanspruchen.

Omma Helene hatte sich nun mit einem Glas Eierlikör und einem Pappteller mit Kartoffelsalat im Wohnzimmer niedergelassen und machte Mutter Hildegard noch mal deutlich, dass man Meingottgünther doch ruhig mal ratzen lassen solle, da der Mann ja schließlich heute schon einen anstrengenden Rückweg aus dem Krankenhaus hinter sich habe. Mutter Hildegard, die sich nun ebenso wie Omma Helene einen Eierlikör, allerdings aus einem Maßkrug, gönnte, war einverstanden. So saßen und lagen sämtliche Pröllmanns, mit der Ausnahme Jasons, auf der Couchgarnitur und beobachteten den technikbegnadeten Sohnemann wie im Klavier-Sketch von Loriot. Den Mund voll mit Kartoffelsalat stimmten alle mit ein:

»Schau mal, Mudda! Ein Bild!«

»Ein Bild, ein Bild! Jason, wir danken dir.«

Die Spielkonsole war endlich spielbereit und Jason bot gleich vier Spiele zur Auswahl an, die er und die drei übrig gebliebenen Damen dringend mal ausprobieren mussten. Schantall bestimmte, dass nun das interaktive *Wintersports* angesagt sei, damit sie endlich mal zeigen könne, wie der Work-out-Kurs der letzten Monate ihre Oberschenkel in Form gebracht habe.

Mutter Hildegard leckte den letzten Schluck Eierlikör aus dem Maßkrug und war einverstanden, während Omma Helene ohnehin nur noch Bahnhof verstand, sich aber nichtsdestotrotz breitschlagen ließ, sich für den nun anstehenden Langlauf in Level eins in Position zu bringen.

»Omma, du muss mehr runter!«

»Mehr ausse Hüfte, sons krisse da die Kurve nich«, stand Schantall ihrer Omma hilfreich zur Seite.

Nachdem Jason bereits einen guten Punktestand vorgelegt hatte und auch Schantall sich durch jahrelange Erfahrung im Bücken des Oberkörpers nicht hatte lumpen lassen, war es nun an Omma Helene, die Pröllmannehre ebenso hochzuhalten. Doch wie so oft im Leben sind es gerade die Unwägbarkeiten, mit denen eben keiner rechnet, die eine so lustige und unangespannte Situation gerne mal ins Chaos stürzen können.

In diesem Fall waren es die Kartoffelsalatreste, die nun unbedeckt vom Pappteller auf dem Fußboden des Wohnzimmers dafür sorgten, dass Omma Helene in Verbindung mit einem flotten Hüftschwung beim Abfahrtslauf ausrutschte und rücklings mit ihrem ganzen Körpergewicht auf den Multifunktionstisch knallte. Dabei beförderte sie sämtliche Pappteller inklusive Kartoffelsalat in die Höhe und kam schließlich hilflos eingeklemmt zwischen Couchgarnitur und dem mittlerweile von der Couch gefallenen Vadder Günther zu liegen. Aua!

Um es kurz zu machen: Es duftete nach Bruch und Zerrung sowie einigen blauen Flecken. Mutter Hildegard, die dem Ganzen nur ein »Meingottgünther« und »die schöne Couch« abgewinnen konnte, schien durch die Situation so geschockt zu sein, dass ihr im ersten Moment die kartoffelsalatverzierte Couch in Verbindung mit den nudeligen HDMI-Kabeln darauf mehr Sorgen zu machen schien als die hilflos in der Ecke hängende Omma Helene mit ihren Wiimotes in den panisch zusammengekrallten Händen.

»Omma sach wat!«

»Omma is dir alles in Ordnung?«

»Omma kannse dich bewegen?«

Bruder Jason, der seine Schwester Schantall anraunzte, warum die den Kartoffelsalat auf dem Fußboden denn auch nicht ordentlich weggemacht habe, nutzte die Notsituation dazu, um erst mal seine HDMI-Kabel zu ordnen, während der noch etwas schlaftrunkene Boahpapa Günther damit beschäftigt war, mit den Fingern die Kartoffelsalatreste aus den Couchritzen zu pulen, um diese umweltbewusst auch direkt noch zu essen. Schantall und Mutter Hildegard kümmerten sich indes um die Patientin und stellten fest, dass wohl doch eine helfende Hand vonnöten war, und so wurde kurzerhand mit dem Handy ein Krankenwagen gerufen.

Schantall stürmte während der Wartezeit in ihr Zimmer, um den von Ommas Gepolter wach gewordenen Tschastin kurz wieder mit umsorgender Mutterliebe und ganz entspannt in den Schlaf zu wiegen. Das funktioniert bei Schantall in etwa so:

»Tschastin, getz is ruhig?«

»Tu schlafen!«

»Mama muss arbeiten!«

»Hier! Lulli!«

Und während Sohn Tschastin nun mit seinem kleinen S04-Schnuller zwangsgeknebelt wurde, gibt mir das die Möglichkeit, während der Wartezeit auf den Notarzt noch kurz Schantalls heilige vier Wände zu beschreiben.

Das schantallsche Reich war im Prinzip zu einhundert Prozent pragmatisch eingerichtet. Es bestand, bedingt durch die Anwesenheit von Sohn Tschastin, zur Hälfte aus Kinderzimmer und zur anderen Hälfte aus Kosmetikstudio und weiblicher Altkleidersammlung. Auf der Hälfte von Sohn Tschastin erkannte ich neben den obligatorischen Möbelstücken Bett und, na ja Bett halt, die notwendigen Kunststoffkisten für das ihm zur Verfügung stehende Spielzeug. Da die dort zu deponierenden Spielzeugautos jedoch zurzeit auf dem Spielteppich mit Straßenmuster platziert waren, wurde dieser Stauraum auch gerne mal zur schnellen Müllbeseitigung genutzt. Im Zimmer von Schantall stand zwar permanent ein Staubsauger im Weg, dieser konnte aber leider keine Snickersumhüllungen und Lebkuchenreste von Kirmesherzen aufnehmen. Schantalls Bereich im Zimmer war da komplett anders eingerichtet, aber trotzdem auch nicht so bemerkenswert anders als bei anderen Twen-Tanten ihres Alters. Der überdimensionierte Schminktisch mit allerhand Tuben, Pasten, Cremes und vor allem Parfümflakons und Schminkutensilien erinnerte da sehr stark an das Komplettsortiment einer Großstadtdrogerie. Daneben standen zwei weitere mit Schuhen aus einem ganzen Jahrzehnt vollgestopfte ehemalige Spielzeugkisten von Tschastin und der Kleiderschrank, aus dem vor gut einem Jahr im Zuge einer schantallschen Geburtstagsorgie die beiden Türen herausgebrochen waren, die nun als Standspiegel neben dem Schrank dienten. Ein über dem Bett hängendes *Twilight*-Poster rundete das Zimmer ab, das sich, sagen wir mal, innenarchitektonisch in der Pubertät zwischen Jugend- und Wohn-Kinderzimmer befand und seinen Weg zu einer Wohnung einer jungen Mutter aufgrund eingeschränkter Platzverhältnisse derzeit nicht finden konnte.

Nach gut vierzig Minuten klopften dann die schweißgebadeten Vertreter des Sanitätsdiensts der örtlichen Feuerwehr an die Wohnungstür der Pröllmanns und erklärten keuchend, dass der enge Aufzug den Transport einer Krankentrage nicht zulasse, was doch sehr bedenklich sei. Die elf Etagen mit kompletter medizinischer Ausrüstung zu Fuß zu marschieren würde eigentlich nicht zum Standard der Notfall-Erstversorgung zählen. Zumindest wenn es nach den untersetzten Sanitätern ging.

Die beiden jungen, oder sagen wir junggebliebenen, Sanitäter packten die Omma dann auch ohne großartige Vor-Ort-Behandlung direkt auf die besagte Trage und beförderten sie

mühevoll in das enge Treppenhaus des Pröllmann'schen Wohn-
komplexes. Jason war so freundlich, seine Hilfe anzubieten: Er
fuhr mit dem Aufzug nach unten, um die Haustür aufzuhalten.
Eine Assistenz beim Schleppen der Omma schien ihm dann
doch zu anstrengend zu sein. Warum die Omma überall mit
Kartoffelsalat beschmiert war und warum sie immer noch total
verkrampft zwei Wiimotes in der Hand hielt, wurde beim mühe-
vollen Transport gen Erdgeschoss ausführlich diskutiert.

Und während die mittlerweile nun doch etwas besorgte
Mutter Hildegard zusammen mit der angebrochenen Omma
Helene ins Krankenhaus gefahren wurde, flüchtete Schantall
vor den auf dem Flur versammelten sensationssüchtigen Nach-
barn zurück in die Wohnung. Der Weg führte sie schnurstracks
in ihr Zimmer, wo sie sich den Staubsauger schnappte, um ihn
ihrem Bruder Jason stocksauer in die Hand zu drücken und den
schönen Wiedersehensabend mit den Worten zu beschließen:
»Hier! Und den Kartoffelsalatkack saugste getz ma schön selber
vonne Möbel! Und mach Boahpappa nicht wach! Der is schließlich gerade erst ausn Krankenhaus zurück.«

WAS HÄNGEN BLIEB:

Ich hatte also im Rahmen meines Betreuungsauftrages des
Öfteren die Möglichkeit, das Pröllmann-Rudel sehr persönlich
und intim in den eigenen vier Wänden kennenzulernen und
zu beobachten. Wie bereits zu Beginn kurz angerissen, sind
dem meist stilsicheren Lofteigentümer solche Wohnverhält-
nisse ja nicht ganz unbekannt, da das optische Medium Fernsehen fast täglich verdeutlicht, dass die unaufgeräumte Chaos-

Wohnung nicht ins Reich der Fantasie gehört, sondern hinter verschlossenen Türen wirklich existiert. Die dort lebenden Bewohner Marke Schantall fühlen sich aber in diesem Wohnumfeld tatsächlich wohl, sodass ich kein Urteil darüber fällen möchte, ob diese Art häuslicher Lebensführung nun zu ächten sei oder nicht. Schließlich tadelt man eine Schweinerotte ja auch nicht, weil sie sich im Dreck wälzt, während sich die Siamkatze den ganzen Tag das Fell sauber leckt. Da sie sich beide wohlfühlen, sind sie seit Jahrhunderten als »Haustiere« willkommen und akzeptiert.

Interessanter wäre es doch herauszufinden, warum sich manche Familien im absoluten Chaos wohlfühlen und andere nicht. Die Möbel- und Dekorationsartikelbranche setzt hier anscheinend ebenso wie andere Branchen auf zwei verschiedene Kundengruppen. Da wäre zum einen die häufig etwas besser verdienende Mittelschicht, die ihre Möbel gerne im Traditionsmöbelhaus am Platze erwirbt, beizeiten, vor allem samstags, aber auch gerne mal den schwedischen Möbelanbieter des Vertrauens ansteuert, um für Papa die benötigten Billy Boys preisgünstig zu erwerben. Der klassische Möbelsuchnachmittag sieht dann oft so aus, dass man mit dem brachialen Geländewagen den Mutter- und-Kind-Parkplatz des schwedischen Möbeldiscounters zuparkt, um weite Wege mit dem krimskramsbeladenen Einkaufswagen zum Kofferraum des Offroadmonstrums später zu vermeiden. Die trickreich und vorsorglich eingebaute Kindersitzschale gibt jedem Parkplatzaufseher den Eindruck, dass man auch zu Recht auf einem Familienparkplatz stünde, da eine Familie schließlich erst mit Kind zu einer richtigen Institution wird, die es erlaubt, diese wunderschön breit gebauten Parkplätze in Eingangsnähe zuzuparken.

Zum Empfang in diesem Möbelhaus hört man dann aus dem Lautsprecher meist den typischen Hilferuf: »Der kleine Malte-

Alexander möchte gerne aus dem Kinderparadies abgeholt werden!«

Ich kann mir bildlich vorstellen, wie der kleine Fünfjährige nach gut zwei Stunden im Plastikballimperium auf seine Rolex schaut und zur Aufseherin sagt: »Du, Frau Möbelhaus, ich, Malte-Alexander, möchte nun gerne aus diesem Kinderparadies abgeholt werden. Sagen Sie das nun umgehend meinen Eltern und zwar so, dass es auch jeder im Möbelwunderland hört.« Es sind dann wohl letztlich doch nur die plärrenden Heulgeräusche, die die Aushilfs-Kindergärtnerinnen zu dieser Durchsage nötigen.

Endlich im Olymp der praktischen und hoffentlich auch trendigen Möbel angekommen, stellt der Mittelschichtmöbelkäufer meist fest, dass man doch auch erst noch mal woanders schauen könnte, und begibt sich schnurstracks in die Kleinkramabteilung des Möbeldiscounters, um den noch leeren Einkaufswagen mit zwei Quadratmeter Ladefläche randvoll zu packen. Die im Kassenbereich von mir beobachteten und typisch konsumierten Gegenstände zur Verschönerung der Wohnung oder des Eigenheimes sind dabei meist notwendige Zusatzartikel wie Leselampen, Küchenartikel sowie anscheinend lebensnotwendige Artikel wie Duftkerzen und Boxen zum Verstauen von Plörren aller Art, die bei Pröllmanns aber eher auf dem Boden liegen. Als Letztes kommen dann noch die garantiert unbenötigten Dinge wie Massagekugeln aus Holz und Sockentrenner für den Kleiderschrank dazu.

Zur anderen Kategorie gehören Familien wie die Pröllmanns. Bei ihnen läuft der Möbel- und Dekorationsartikelkauf schon etwas anders ab, wobei die erworbenen Möbelstücke ähnlich sind. Schließlich lieben es auch die Pröllmanns, im Liegen zu nächtigen und die Nahrungsaufnahme im Sitzen zu bewerkstelligen. Auch die Vorzüge einer Einbauküche mit funktionierenden Elektrogeräten haben sie erkannt. Das Problem ist vielmehr, dass sie sich zielsicherer im Geschmack vergaloppieren.

Um aber nicht den der Verlockung nicht standhaften Familien wie den Pröllmanns allein die Schuld am Geschmacksdesaster zu geben, muss an dieser Stelle mal die herstellende Industrie getadelt werden. Liebe westchinesische Hersteller von bunter Weihnachtsbeleuchtung für Fensterbänke, Weihnachten wird bei uns im Abendland als das Fest der Liebe gefeiert! Die von Ihnen hergestellten bunt blinkenden Effektbeleuchtungen tragen jedoch nicht zu diesem Frieden bei, da sie bei Betrachtung in vielen Mitmenschen eher für inneren Unfrieden sorgen. Verwechseln Sie bitte die Adventszeit nicht mit den 14 Tagen, an denen bei uns in Deutschland die Rheinkirmes oder das Oktoberfest stattfinden. Hier wären die bunt illuminierten Blinkensembles wahrscheinlich besser eingesetzt.

Und auch die liebe Möbelindustrie trägt Schuld. Präsentieren Sie in Ihren fast täglich erscheinenden Zeitungsprospekten die rosafarbene Auslegeware zu drei Euro der Quadratmeter doch nicht direkt neben der Essecke aus dunkler Kolonialeiche! Der flüchtig lesende Möbelinteressent der Marke Pröllmann könnte dazu verleitet werden, gleich beide Stücke zu erwerben und in einem Wohnzimmer zu kombinieren. Machen Sie lieber klare Abgrenzungen und zeigen Sie alles, was bunt ist, auf den vorderen Seiten des Prospekts. Dahinter platzieren Sie das Rustikale, Dunkle und auf die letzte Seite einen einseitigen Hinweis der Geschäftsführung, dass für geschmacksverunstaltete Wohnungen keine Haftung übernommen wird. Der Verkauf der Einrichtungsgegenstände erfolgt also mit voller Gewährleistung für die Qualität des Materials, aber ohne Gewähr für die leidenden Zuschauer diverser Fernsehsendungen, die sich das Ergebnis dann über die Mattscheibe in die eigenen vier Wände holen.

Eine Bewerbung von nussbaumfarbenen Möbeln sollte in einem gesonderten Katalog stattfinden, der den interessierten Familien nur auf schriftlichen Wunsch hin zugeschickt wird, nachdem der Eignungsnachweis in Form von Bildern der stilvollen Wohnungseinrichtung eingereicht wurde. Sie würden mit diesen Marketingmaßnahmen wahrscheinlich nicht dazu beitragen, dass die Qualität der Möbel in Deutschland zunehmen würde, aber mit Sicherheit wäre die Einrichtung deutscher Wohnungen so etwas stilvoller.

Eine Möglichkeit, um dem verkaufsorientierten Prospektgestalter diese Problematik einmal live und direkt vor Augen zu führen, wäre folgende: Lassen Sie sich von der RTL-2-Redaktion doch einmal die Daten nennen, wann und wo eine der nächsten Folgen des *Trödeltrupps* gedreht wird. Hier werden regelmäßig total heruntergekommene Großraumwohnungen oder Keller ausgemistet, um aus diesen Bergen Plunder noch zwei bis drei Flohmarktartikel für 2,50 Euro herauszufiltern. Nutzen Sie den meist direkt vor dem Haus aufgestellten Container und räumen Sie dort nachts Ihr Auto mit dem langjährig angesammelten, nichtsnutzigen Plunder voll. Nun müssen Sie sich nur noch an einem späten Abend in einem Billigmöbelhaus Ihres Vertrauens einschließen lassen und schauen, dass Sie den Plunder über die Warenannahme diskret in den Ausstellungsbereich schaffen, um sich dort mal eine ganze Nacht lang in einem Musterwohnzimmer so einzurichten, wie es zigtausend Haushalte täglich praktizieren.

Sie werden wahrscheinlich froh sein, wenn Sie diese Nacht hinter sich gebracht haben. Während Ihrer zweiwöchigen Haftstrafe wegen Hausfriedensbruchs können Sie dann ja im Angesicht der kargen Ausstattung Ihrer Einzelzelle für sich selbst

beschließen, dass dieses Land dringend schöne und gleichzeitig qualitativ hochwertige Möbel für den kleinen Geldbeutel
benötigt!

5. KAPITEL

BERUF KOMMT VON BERUFUNG

Schantall Pröllmann ist mit ihren gerade mal 24 Lenzen in Sachen Berufskarriere sicher keine, die früh auszog, um die Welt das Fürchten zu lehren. Da sie noch zu Hause wohnt und die Welt für sie an den meisten Tagen des Jahres an den Stadtgrenzen des Ruhrgebiets endet, ist sie eher eine, die sich früh für alle Welt auszog, um ihre Eltern das Fürchten zu lehren. Bereits in ihren Tagen als Kleinkind beschränkte sich die von Mutter und Vater Pröllmann eher lasch praktizierte frühkindliche Förderung auf das Einschalten des Fernsehers am Samstagmorgen um 7.00 Uhr, wenn die kleine Schantall lautstark die Wiederholung von *Alf* einforderte, um der deutschen Sprache (»Null Problemo!«) bereits vor ihrer Einschulung Herr werden zu können.

Vater Pröllmann, der seinerzeit noch als Bakensetzer im Nachtdienst auf der A2 arbeitete, eignete sich nicht unbedingt dafür, sein mengenmäßig eingeschränktes Grundwissen frühzeitig an die eigene Tochter weiterzugeben. Ebenso erging es Mutter Hildegard, die sich zwar dem Job der Hausfrau und Mutter verschrieben hatte, also dem Berufsstand, den neunzig Prozent aller Mütter der sozialen Unterschicht in den Talkshows als aktuelle Tätigkeit aufführen, versäumte es aber wohl ebenso rechtzeitig, der kleinen Schantall ein bisschen Grips mit auf den Weg zu geben, um die Weichen in Richtung gute Berufsaussichten zu stellen. Der weitere schulische Werdegang von Schantall über die bezaubernde Grundschule in die überfordernde Realschule spielte sich dann auch irgendwie zwischen vormittäglicher Kunst des Rauchens auf dem Schulhof und der nachmittäglichen Sichtung des Fernsehprogramms ab. Es macht leider auf mich ohnehin den Anschein, als gäbe es nur drei Arten der frühkindlichen Förderung, die sich allesamt zum Ziel gesetzt haben, dem Nachwuchs mit ein wenig natürlicher Begabung und Lernwillen die Chance zu geben, irgendwann mal selbst Schmied seines (beruflichen) Glücks werden zu können.

Zur ersten Gruppe gehören die Blagen, die bereits im Babyalter gar nichts dürfen. Eine Grundvoraussetzung also, dass man einen Streber großzieht, der zwar nicht weiß, was eine Schneeballschlacht im Winter oder ein Freibad im Sommer ist, sich aber bereits mit fünf Jahren in seiner unverschlissenen weinroten Cordlatzhose vorschulisch mit dem Lösen einer mathematischen Gleichung beschäftigt. So werden bereits in frühen Kinderjahren die Weichen für einen steil nach oben zeigenden Berufsweg gestellt. Typische Ziele sind hierbei aber nicht die Upper-Berufe Jurist, Arzt oder Wirtschaftsmanager, sondern eher die Richtung Finanzbeamter im gehobenen Dienst, Buchhalter eines deutschen Topkonzerns oder wissenschaftlicher Mitarbeiter an der Universität, die man bereits nach der elften Klasse besucht.

Zur zweiten Gruppe gehören die Kinder jener Eltern, die mit sehr vielen Freizeitbeschäftigungen und schulischen Aktivitäten konfrontiert werden und deren Berufsweg ebenfalls schon von Kindesbeinen an festgezurrt zu sein scheint. Hier wird oft seitens der Eltern in die Breite gestreut und den Kindern zunächst ein Überfluss an möglichen Aktivitäten angeboten, der durch

Aussiebung dann irgendwann eine versteckte persönliche Begabung zutage fördern und das Kind so mit aller Macht in einen möglichst anerkannten Beruf drängen soll. Der pädagogische Nutzen steht natürlich bei allen von den Eltern sondierten Aktivitäten an erster Stelle. Und so kommt es, dass heutzutage die kleinen Sören-Niclas und Anna-Sophies nicht mehr schlicht zum Schwimmunterricht chauffiert werden, sondern fünfmal die Woche zum Töpfern, Geigespielen, Ballett, Kinderalgebra und Chinesisch für Anfänger gedrängt werden. Hier kann dann neben der schulischen Allgemeinbildung, die natürlich auch mit Argusaugen beobachtet wird, das Zeitfenster zur Förderung der Begabung im richtigen Augenblick geöffnet werden.

Die dritte Gruppe bilden jene Sprösslinge, die alles dürfen und bei denen dieses alles auch in der seltensten Fällen in irgendeiner Form kontrolliert oder beobachtet wird. Viele Kevins dieser Welt können also bereits morgens um 13.30 Uhr frei entscheiden, ob sie die sechste Stunde Religionsunterricht noch besuchen oder den Tag entspannt starten und sich um 14.00 Uhr zusammen mit den anderen schulischen Abwesenheitsglänzern lieber im Media Markt treffen, um dort die Spielekonsolen glühen zu lassen. Man kann also nicht behaupten, dass diese Art der regellosen Lebensführung ins Nichts führe, denn schließlich lernen die pädagogikfreien Kiddies ja immerhin, wie man eigenständig seinen Tag plant, der genauso wie beim arbeitenden Streberkind 24 Stunden lang ist und irgendwie über die Bühne gebracht werden will. Außerdem bleibt solchen durchs frühkindliche Fernsehprogramm ja erfahrenen Medienjunkies neben der möglichen Karriere als Supertalent oder Profifußballer immer noch der Weg in ebendieses Medium, um doch noch einen Broterwerb zu praktizieren. Schantall bildete da keine Ausnahme.

In einer Zeit, als der Begriff »Superstar« noch von Größen wie Michael Jackson oder Robert De Niro markenrechtlich geschützt war und Topmodels nicht von Choreografen im Fernsehen, sondern von notgeilen Profiunternehmern auf der Besetzungscouch in Hinterzimmern gecastet wurden, war Schantall noch auf dem richtigen Weg. Versaut von der Medienlandschaft der späten Neunzigerjahre hatte sie sich entschieden, zur Unzeit die Schule zu verlassen und den Weg des beruflichen Erfolgs in der weiten Welt des Glamours zu finden, was natürlich vollkommen in die Hose ging.

Die Erlebnisse, die ich im Folgenden beschreibe, waren eine Herausforderung für mich, bei der ich mich als Sozialarbeiterneuling besonders einbringen konnte und die ich dem interessierten Leser natürlich nicht vorenthalten möchte, da sie doch auf zauberhafte Weise verdeutlicht, wie glamourös der Arbeitsalltag für Ungelernte im schantallschen Kosmos ablaufen kann.

Die Berufswünsche von Frauen werden ja regelmäßig statistisch erfasst und zeigen, dass sich Frauen, ob gelernt oder ungelernt, bundesweit am liebsten für die drei Ausbildungsberufe Verkäuferin, Kauffrau im Einzelhandel und Bürokauffrau entscheiden. Allesamt also Berufgruppen, die so viel Glamour besitzen wie die Dortmunder Nordstadt bei Nieselregen im Winter. Ein triftiger Grund für Schantall, diese drei Topberufe schon mal aus ihrer elterlich sanft erzwungenen Zukunftsplanung zu streichen. Der abgebrochene Realschulbesuch war da auch ein Hindernis, das manchem Arbeitgeber einen Vorwand bot, es nicht ernsthaft mit einer leicht grenzdebilen Twentante wie Schantall aufnehmen zu wollen. Es blieben also noch die Top-Ausbildungsberufe der dahinterliegenden Plätze, für die man sich ja eventuell auch mal ohne Schulabschluss vorsorglich bewerben konnte.

Und siehe da: Wir fanden plötzlich weitaus stylishere Berufe wie den der Friseurin oder Kosmetikerin, die Schantall schon wesentlich mehr aus der Seele sprachen. So fiel die Wahl dann auch eigentlich recht schnell auf den Friseursalon »Die Dame von Welt«, der nur einen Häuserblock von der Pröllmann'schen Wohnung entfernt lag und Schantall nicht allzu frühe Aufstehzeiten abnötigte, da er fußläufig in zehn Minuten zu erreichen war. Der Name des Salons »Die Dame von Welt« war Schantall schon öfter ins Auge gefallen, wenn sie mal wieder enttäuscht von der Arbeitsagentur mit dem Bus nach Hause gefahren war, da er doch so weltmännisch-elegant klang und einen gewissen Style versprach, den sie hier eventuell mal ausleben konnte. »Die Dame von Welt« steht in der internen Wertung der schrecklichsten Namen für einen Friseursalon immerhin weit hinter den Begriffen »Hair damit«, »Haargenau«, »Haarspalterei« und »Hairea 51«. Den Wortwitz in solchen Namen begriff Schantall aber ohnehin nicht ganz, sodass sie sich auf Drängen ihrer Eltern entschied, einfach mal nachzufragen, ob denn bei der »Dame von Welt« nicht eine Vollanstellung als Friseurmeisterin ab morgen früh möglich wäre. Fragen kostet ja schließlich nichts. Um es kurz zu machen: Es hat nicht einmal zur Shampooneuse gereicht, die den hier doch in der Mehrzahl anzutreffenden weiblichen Weißkopfadlern aus dem Altersheim von nebenan die Löckchen einseift. Aber eine Praktikantin kostet schließlich in Deutschland meist nichts und so erhielt Schantall die Möglichkeit, ihr hairstylistisches Können mal zwei Wochen probehalber als Aushilfskraft unter Beweis zu stellen. Hätte sie das besser nicht getan!

Es war Dienstagmittag, als mich in meinem Büro der Anruf einer in Tränen aufgelösten Saloninhaberin erreichte. Ich solle doch bitte sofort mal zum Laden kommen. Schantall, ich als Sozialarbeiter und sie als Chefin hätten mal dringend was zu bereden. Was muss ich Trottel auch meine Handynummer vor Ort lassen! Meiner Bitte, nur anzurufen, wenn es mit Schantall während der Praktikumszeit mal Probleme gäbe, wurde nun also prompt nachgekommen.

Nun gut, dass Schantall in ihrer Hektik zwischen Pausen-kippe und Lidstrichnachziehen mal die Mischung der Haar-färbemittel falsch dosiert und die ältere forsche Stammkundin plötzlich orangefarbene Haare auf dem Kopf hatte, statt blond gefärbt zu sein, das mag man ihr in diesem frühen Stadium der Berufsaufnahme ja noch nachsehen. Zumal die Dame mit ihrer versauten Haarfarbe ideal zum Länderspiel der holländischen Nationalmannschaft am selben Abend passte. Aber wie Schantall es innerhalb dieses kurzen Zeitraums auch noch schaffte, einer gebrechlichen Rentnerin beim Rückwärtsbeugen ihres Kopfes in das Waschbecken den Hinterkopf blutig zu schlagen, das war selbst mir ein Rätsel.

»Frau Zawatzki hätte sich das Genick brechen können! Ist Ihnen das eigentlich bewusst, Fräulein Pröllmann? So eine Un-zulänglichkeit können wir uns in diesem Traditionshaus leider nicht leisten«, gab die kreidebleiche Friseurin zu bedenken.

»Dat is der scheiß Winkel von dat Becken. Und der Stuhl lässt sich auch nicht mehr hochpumpen. Dat is hier alles in Arsch. Total kaputter Kackladen.« Schantall besaß regelmäßig ein Ge-spür dafür, wie man ein ohnehin ins Karrierenix verlaufendes Gespräch noch etwas verkürzen konnte, um rechtzeitig in die Welt von Hartz IV zurückzukehren.

Ich saß im wahrsten Sinne des Wortes zwischen den Stühlen des Wartebereichs des Salons und hörte mit Kopfbewegungen wie bei einem Tennisturnier abwechselnd der Partei rechtsohrig und linksohrig zu. Im Prinzip war es mir in diesem Moment schon egal, was noch alles für Verfehlungen von Madame Schantall Pröllmann, dieser Dame von Welt, auf den Tisch kamen, da sich das Kapitel Friseurlehre ohnehin gerade ver-abschiedet hatte und ich mir zu diesem Zeitpunkt schon Ge-danken machte, wo ich nun dieses weibliche Exemplar der Ver-bandsliga der Bildungsschicht beruflich unterbringen konnte.

Eines war mir klar. Selbst bei 349 in Deutschland anerkannten Ausbildungsberufen war es fast unmöglich, ein schulisch unvollendetes Wesen wie Schantall Pröllmann auf den Pfad der Bildung und des Broterwerbs zu lotsen. Der einzige Ausweg war mein alter Kollege und Skatfreund Charlie, der seit einigen Jahren das örtliche Berufsinformationszentrum leitete und in Sachen Berufswahl junger Leute immer ein offenes, wenn auch schwerhöriges Ohr hatte.

Berufsinformationszentren sind eine Erfindung der Siebzigerjahre und quasi das Wikipedia der Berufsanfänger, Berufsunentschlossenen und Totalversager, durch das jeder zumeist junge Mensch erfahren kann, was es überhaupt für Berufsmöglichkeiten in Deutschland gibt und wovon man besser die Finger lassen sollte. Und mein Skatkumpel Charlie war eben die fleischgewordene Informationsbroschüre, die dem stolzen Schulabgänger mit Realschulabschluss erläuterte, dass diese Qualifikation leider nicht für ein Studium der Astrophysik in Oxford ausreichen würde.

Da saß ich nun also wenig später mit einer perfekt gestylten Schantall Fröllmann auf den etwas abgeschürften orangefarbenen Plastikstühlen vor dem Schreibtisch von Charlie Beckmann und stellte die beiden einander kurz vor. Schantall war zu diesem Zeitpunkt eher beiläufig, aber lautstark mit ihrem Kaugummi beschäftigt und zeigte reges Interesse für die Kolonnen an Büchern und Infoordnern in den Regalwänden, die hier eine intellektuelle Atmosphäre aufkommen ließen. Es war also ein Ort, an den sich Schantall erst einmal gewöhnen musste.

»Was haben Sie denn nach Ihrem Schulabbruch bisher beruflich schon so gemacht, Frau Pröllmann?«, fragte Charlie gelernt professionell.

»Na, wat so ging. Sonnenbänke im Studio desifieziert. Anne Mandelbude Tüten voll gemacht und Komparsin in Lloret.«

Schantall hob stolz den Kopf nach oben, als erkläre sie gerade, dass sie den Vorstandsposten bei Siemens nur aufgrund eines besseren Angebots nicht weiter ausgeübt habe.

Ich warf Charlie ein gequältes Lächeln über den Schreibtisch und ermunterte ihn wohl dadurch, das Gespräch nun in die einzige Richtung zu bringen, die im aussichtslosen Fall Schantall noch möglich war. »Wie wäre es denn zunächst mal mit dem Girls Day?«, warf Charlie in die Runde.

»Wat is dat denn?«, fragte Schantall stirnrunzelnd.

Ich schaltete mich in das Gespräch ein, da selbst mir die einmal im Jahr publizierten überdimensionalen Zeitungsartikel auffielen, die den Girls Day journalistisch erläuterten. »Der Girls Day ist ein Aktionstag, bei dem Frauen wie du mal in typische Männerberufe Einblick erhalten können, um sich eventuell für einen Beruf zu entscheiden, der fern der üblichen weiblichen Tätigkeiten liegt.«

»Ey, Jochen, isch geh doch nisch als Klemptner oder Müllmann. Ey, vergess das mal, Kollege!«

»Na ja, Schantall, es gibt ja auch noch andere Berufe, die ...«

»Vergess es, Alter! Is mir zu asi!«

Schantall hat die überaus pragmatische Gabe, Dinge und Zusammenhänge, für die unsereins gerne mal einen Nebensatz an den kunstvoll arrangierten Hauptsatz hängt, in zwei, drei Worten zu erklären. Praktisch eigentlich, da hierdurch Zeiträume entstehen, die man dazu nutzen kann, andere Dinge zu erledigen. Sprechen wird im Zeitalter von SMS, Twitter und Facebook ohnehin überbewertet. Also alles getreu dem Motto: je länger die Absätze, desto kürzer die Nebensätze.

Charlie, der vor lauter Aufregung darüber, nun zum ersten Mal einen Hardcorefall wie Schantall nicht vermitteln zu können, zur lauwarmen Kaffeetasse griff, gingen bereits jetzt die Optionen aus. »Also das Einzige, was ich Ihnen da noch anbieten und empfehlen könnte, wäre mein Schwager Peter Saftig. Der ist Filialleiter bei Kaufkosmos. Ich denke mal, dort werden immer ambitionierte junge Menschen als Hilfskräfte gesucht.«

Halleluja! Es war geschafft. Mein Auftrag als helfende soziale Hand erfüllt und Schantall nach einem kurzen Telefonat zwischen Charlie und dem Filialleiter als Regalräumerin auf Probe eingestellt.

Ihren neuen Job als Fachkraft für Lagerlogistik oder neudeutsch »Directress of Product Placement« oder einfach Regalauffüllerin begann Schantall dann auch gleich am darauffolgenden Samstag, einem Tag, an dem sie zwar sonst selber gerne zum Shoppen aufbrach, der ihr in Sachen Lebensmittelmarkt aber vollkommen fremd war. Umso erstaunter war sie wohl, als sie feststellen musste, dass sich auch die Super- und Verbrauchermärkte dieser Republik samstags im Ausnahmezustand befinden. Der ideale Tag also, um neu zu integrierende Berufslegastheniker ans Arbeiten zu bekommen. Die Ambition, hier Großes zu reißen, brannte aber trotz der Feuertaufe nicht wirklich in ihr. In ihren Job als nichtnäherbezeichnete Hilfskraft wurde Schantall dann auch höchstpersönlich vom leicht konservativ wirkenden Herrn Saftig eingewiesen, der die einminütige Schulung kurz hielt, um Schantall nicht gleich zu Beginn mit allzu vielen Regeln den Spaß am Arbeitsalltag zu versauen.

»Da is die Ameise (korrekt Handhubwagen)!

Da holse damit die Palette und

da geht et raus in den Verkaufsraum.

Regalnummer is seitlich aufgeklebt.

Mehr musste eigentlich gar nicht wissen.«

Schantall, die mit autoritärem Auftreten Fremder in der Vergangenheit immer mal wieder so ihre Probleme gehabt hatte, gefiel diese Ansage aber durchaus, da ihr große Reden ohnehin zu kompliziert erschienen und der Ausdruck »bitte« auch familienintern nicht auf der Liste der meistbenutzten Ausdrücke im Hause Pröllmann stand. Und der Hinweis »mehr musste gar nicht wissen« gab ihr die scheinbare Gewissheit, im Leben doch nicht allzu viel Intellektuelles verpasst zu haben.

Der von Berufsberater Charlie vermittelte Großsupermarkt punktete zwar durch ein sehr breitgefächertes Warensortiment, aber weniger durch zeitgemäßes Design. So war es auch für jede Hubwagendirektorin und Palettendirectress Pflicht, im Kaufkosmos einen altbackenen weißen Kittel zu tragen, der so abgenutzt und beschmiert aussah, dass ihn nicht mal Omma Helene getragen hätte, wenn sie es sich oberarmfrei auf ein Kissen gelehnt am geöffneten Fenster gemütlich machte. Hinzu kam, dass der Kittel noch das Namensschild einer wohl schon lange ausrangierten Mitarbeiterin mit dem bezaubernden Namen »Frau Seibel« trug, das Schantall nun erst mal flink mit ihren langen Fingernägeln abriss und in die Frischetheke schmiss. Der Kittel an sich wurde von Schantall modisch an den Ärmeln aufgerollt, sodass ihre sonnenbankgebräunten Unterarme in Kombination mit dem weißen, na ja, sagen wir ehemals weißen, Kittel schön zur Geltung kamen. Drei Knöpfe wurden oben offen gelassen und das Dekolleté prall in den alten Kittelstoff gepresst, sodass nun die berufliche Reise samt Handhubwagen in die Arbeitswelt beginnen konnte. Als der von ihr mit ihren treudoofen Rehaugen überredete Filialazubi Christian ihr dann auch noch die Palette zum zugeordneten Regalplatz gezogen hatte, konnte für Schantall also der erste Vormittag als Directress of Product Placement beginnen.

Der erste zu befüllende Regalplatz beinhaltete die Cornflakespackungen. Es handelte sich also um ein Produkt, bei dem aufgrund seiner Quaderform und seines immer gleichen Verpackungsdesigns nur eine geringe Gefahr bestand, irgendetwas falsch im Regal zu positionieren. Vorausgesetzt man wusste, dass das Bild mit der Milchschale auf der Packung nach vorne gerichtet stehen sollte und nicht die Rückseite, auf der das Gewinnspiel und die Verbraucherhinweise für gesunde Ernährung prangten. Schantall meisterte diese Aufgabe dann auch gleich mit Bravour und konnte sich bereits ab dem frühen Nachmittag an die Befüllung der Wein- und Schnapsregale machen. Böse Falle!

Im Vergleich zur Pappverpackung mit simplen bruchresistenten Cornflakes war Glas eben doch eine andere Herausforderung. Da hatte der Filialleiter Herr Saftig wohl etwas zu viel Vertrauen in seine stylishe Palettenfachkraft. Nicht, dass Schantall etwas von guten Weißweinjahrgängen verstanden hätte, aber dass sie sich zielsicher die teuerste Flasche aussuchte, um sie auf den Boden auftitschen zu lassen, zeugte schon von einem gewissen Talent.

Fililazubi Christian, der die Situation akustisch wohl mitbekommen hatte, eilte sogleich herbei und schlug übertrieben entsetzt die Hände vor seinem Mund zusammen.

»Alter! Alles klar. War 'ne Olle, mit so nem kleinen Kind«, gab Schantall zu Protokoll.

Azubi Christian verschwand aufgrund dieser Nachricht wieder in seinem Gang und Schantall nutzte die ruhige Atmosphäre dazu, einen Pappaufsteller mit Tütensuppen in den Gang für edle Weine zu ziehen, um ihn direkt über die Schweinerei mit dem Weißwein und der kaputten Flasche zu platzieren. Problem gelöst. Kollege beruhigt.

Der nette ältere Herr, der Schantall nun von hinten ganz dezent auf den Kittel tippte, ließ die Amateur-Müllentsorgerin dann aber doch aufschrecken, da sie ihn nicht eindeutig als Kunden, Mitarbeiter oder »voll wischtisch« zuordnen konnte.

»Fröilein, wo ist bei Ihnen im Hause denn der Merlot platziert!«, wollte der Weinkenner wissen.

»Melonen sind bei die Äpfel und Birnen am Eingang«, gab Schantall fachfräulich und erfahren Auskunft. Dass Schantall diese detaillierte Aussage tätigte, erfreute den Herrn zwar, brachte ihn seinem Wein aber kein Stückchen näher. Er dackelte dann stillschweigend zum überdimensionierten Weinregal, um mit seiner Lesebrille jedes Etikett in Nahaufnahme abzuscannen.

Warum stellte der Hornochse in einem großen Verbrauchermarkt einer Angestellten, gleich welchen Hierarchielevels, auch eine so schwierige Frage? Er schien wenig Erfahrung mit dem Einkauf in solchen Märkten zu haben, da es gewisse Verhaltensweisen gibt, die sich jedem Kunden mit der Zeit einprägen. Die typischen Wortbausteine, die man in der Regel von einer Verkäuferin erhält, sind:

1. »Steht dahinten!« (gelegentlich mit der Präzisierung: »Bei die Chipse links!«)
2. »Ist nicht meine Abteilung.«
3. »Bin neu hier!«
4. »Haben wir nicht im System.«

und

5. »Ich tu hier nur einräumen.«

Alle fünf möglichen Floskeln führen zwar nicht zum Ziel, sorgen aber für eine klare Ansage der Befugnisse und Kenntnisstände. Der Kunde hat nun also die Wahl, das Geschäft auf direktem Wege und ohne Ware wieder zu verlassen, sich auf die Suche nach »dahinten« zu machen oder aus Frust eine Flasche Schnaps zu nehmen und sich an die überfüllte Kasse drei anzustellen.

Schantall, die den alten Mann nun mit keiner dieser fünf Floskeln überrascht hatte, schien aber etwas Mitleid mit dem orientierungslosen Weinkenner zu haben und bot ihm sogleich eine Flasche süßen Genever an, den sie immerhin kannte und der auf jeder Kleingartenparty stets für gute Laune sorgte. Der alte Mann lehnte dankend ab und verzog sich wieder zu seiner Frau, die bereits zornig blickend mit einem vollbeladenen Einkaufswagen am Ende des Ganges auf ihn wartete.

Nachdem sich nun der Gestank des Weißweines auf dem Fußboden unter dem Pappaufsteller im Gang verbreitete, schien es für Schantall an der Zeit, sich davonzumachen, um die letzte Station im Kassenbereich einzuräumen, die sogenannte Quengelware für Kleinkinder, die immer verkaufstechnisch optimiert in Kinderaugenhöhe positioniert wurde und bedingte, dass sich Schantall nun gekonnt bücken musste, um mit einladendem Dekolletéinhalt die Überraschungseier fehlerfrei ins Regal zu schieben.

Der alte Herr ohne Wein im Einkaufswagen hatte auf diese Weise also noch ein versöhnendes optisches Erlebnis, das seine Frau, die zeitgleich in einer *Aktuellen* blätterte, gar nicht mitbekam. Er benötigte auf jeden Fall keine zusätzlichen Überraschungseier, ein glücklicher und zufriedener Kunde, dank Schantall.

Ein bis dahin erfolgreicher und lehrreicher Tag neigte sich also dem Ende zu, könnte man meinen. Ein Tag, an dem Schantall nicht nur einen Einblick in die harte Arbeitswelt erhielt, sondern der ihr eventuell auch den Weg in eine vielversprechende Zukunft ebnen würde. Zwar jenseits eines Lebens als Maskenbildnerin oder Schauspielerin, aber doch mit einer gewissen Grundverantwortung verbunden.

Wenn, ja wenn da nicht kurz vor Ladenschluss noch plötzlich ihr sympathischer Bruder Jason zusammen mit fünf lautstark polternden Gettofreunden aufgetaucht wäre, um seiner Schwester Schantall einen hämischen Überraschungsbesuch abzustatten.

»Na, Pussy, bisse cool am Auspacken?«

Schantall, die aufgrund ihres weißen Kittels vor Scham im Boden hätte versinken können, gab ihrem Bruder auf seinen charmanten Willkommensgruß hin gleich eine Backpfeife, sodass die ohnehin schon schief aufgesetzte Baseballkappe noch schiefer hing, und machte vor circa zwanzig Einkaufswagen schiebenden Kassenstehern lautstark klar, dass Jason nun seine Asis nehmen und verschwinden solle. Sie tue hier schließlich arbeiten und da würden die lustig im Einkaufswagen sitzenden, umherfahrenden Vollprolls nicht ins Gesamtbild der ambitionierten Berufsanfängerin Schantall passen. Jason, dem aufgrund seiner nun leicht deformierten Sonnenbrille im Gesicht nicht wirklich nach mehr Eskalation der Sinn stand, verkündete dann auch gleich, dass er und die Jungs nur ein bisschen einkaufen wollten und sie dann wieder weg seien.

»Einkaufen? Wat wollt ihr Asis denn einkaufen?«

Schantall schob nun zügig und bestimmt den Handhubwagen in den Lagerbereich des Verbrauchermarktes, zog ihren Kittel aus und kehrte in den Ladenbereich zurück zu ihrem Bruder Jason.

»Ey Schantall, du kriss doch Personalkauf, oder? Bisschen billiger wär cool! Wie viel Prozent krisse dat billiger?«

Jasons fünfköpfige Prollparade präsentierte Schantall nun einen Einkaufswagen mit zwei übereinandergestapelten Kästen Mineralwasser für 3,60 Euro das Stück.

»Die Jungs fragen, ob du dat an der Kasse mal regeln kanns. Die müssen voll sparen.«

Schantall, die in unmittelbarer Nähe von Herrn Saftig stand, der schon mit leicht über den Rand seiner Lesebrille schielendem Blick zu dem Rudel herüberblickte, wollte die Situation nicht noch einmal lautstark eskalieren lassen und so stimmte sie zu und nahm kurzerhand den Einkaufswagen, um sich mit einem Zehner der Proll-Daltons an der Kasse anzustellen. Jason und seine Kumpanen verzogen sich unterdessen zu ihren motorisierten Schleudern auf den Parkplatz.

Als sie endlich an der Reihe war, saß ausgerechnet die penible Frau Oesterwalbesloh an der Kasse. »Sie müssen schon alles auf das Band legen. Das ist uns so vorgeschrieben«, belehrte sie die in die Jahre gekommene Angestellte sofort.

»Is nur dat Wasser. Die beiden Kästen! Isch bin Kollegin. Heute erste Ma hier.«

»Trotzdem müssen Sie den Wagen hier hinter meinem Sitz mal ordentlich drehen und auf den dafür vorgesehenen Platz stellen. Auch das ist so vorgeschrieben!«

Schantall gehorchte und die Kassiererin gab den um zehn Prozent geminderten Personalsonderpreis manuell in die Kasse ein.

»Und jetzt heben Sie bitte mal noch den oberen Wasserkasten an.«

Schantall glaubte, sich verhört zu haben, da sie zum einen eine zierliche junge Dame war, der man doch nicht einfach den Befehl zu körperlicher Ertüchtigung erteilen konnte. Und zum anderen schien ihr der penibel vorgeschriebene, bis ins kleinste Detail organisierte Ablauf eines Kassiervorgangs in diesem Laden etwas auf die nichtvorhandenen Nüsse zu gehen. »Boah, sons noch wat?«

Schantall wuchtete also den oberen Mineralwasserkasten in die Höhe und zum Vorschein kam der untere Kasten Mineralwasser, der kreisrund mit Mineralwasserflaschen gefüllt war. Kreisrund? Genau, denn in der Mitte des Kastens befanden sich vier Lücken, die mit dem feinsten Single-Malt-Whisky gefüllt waren und der Kassiererin Frau Oesterwalbesloh sofort offenbarten: Hier will Madame nicht nur den Personalrabatt, sondern auch noch bescheißen und klauen.

Nun saßen wir da also wieder: Schantall, ich, der arme Sozialarbeiter Jochen, und Herr Saftig, der Filialleiter, zusammen mit dem großgewachsenen Hausdetektiv, der Schantall freundlich von der Kassenzone ins Büro des Filialleiters eskortiert hatte. Von Bruder Jason und seinen Whiskykennern keine Spur.

»Im Prinzip glauben wir Ihnen ja, dass Sie da Opfer von Trickdieben geworden sind, die Ihnen die teuren Flaschen in den Kasten gestellt haben, aber uns stellt sich die Frage, warum die 18-jährigen Whiskyflaschen nicht wie gewöhnlich in der abgeschlossenen Glasvitrine standen, sondern von irgendjemandem zwischen die Cornflakes gestellt wurden. Hier sollten wir intern noch mal ein klärendes Gespräch führen. Ich denke aber, Frau Pröllmann, dass eine Anstellung in unserem Hause für Sie nicht die richtige Tätigkeit ist, da Ihr Talent, sagen wir, in anderen Berufszweigen besser zur Geltung kommen würde.«

Eine schöne Umschreibung dafür, dass Schantall diesen Laden samt Gefolgschaft bloß nie wieder betreten und vielleicht doch lieber an ihrer Karriere als Mandeltütenbefüllerin oder Sonnenbankabwischerin festhalten sollte.

Wir saßen zwei Tage später mit Schantall und ihren Eltern auf der Couch im Wohnzimmer und Schantall gab unumwunden zu, dass diese körperlich harte und verantwortungsvolle Arbeit der Directress of Product Placement nicht so ganz ihren Vorstellungen entsprochen hätte und sie nun einfach mal eine Auszeit bräuchte, um sich circa ein halbes Jahr lang auf etwas Neues vorzubereiten, damit sie endlich ihren Traumberuf doch noch finden könnte.

Ich notierte einen Tag später in meinen Akten den derzeitigen Berufsstand der Schantall Pröllmann: *Hausfrau und Mutter.*

WAS HÄNGEN BLIEB:

Dass die Suche nach einem Ausbildungsplatz für Schantall eine der größten Herausforderungen für uns beide werden würde, war mir eigentlich von Anfang an klar. Beruf kommt schließlich von Berufung und wenn man sich den fast schon spirituellen Begriff »Berufung« durch den Kopf gehen lässt, dann hat die Suche nach einem geeigneten Beruf wohl etwas mit der inneren Stimme zu tun, auf die man rechtzeitig hören sollte. Schantalls innere Stimme war im Bezug auf einen festen Arbeitsplatz leider schon seit vielen Jahren etwas heiser. Es hat eher den Anschein, als habe man ihr die Stimmbänder diesbezüglich bereits vor der Muttermilch gekappt, damit sie nicht in Versuchung geriet, sich ihrer »Berufung« im Job stellen zu müssen.

Das Wort »Job« ist da auch schon sehr bezeichnend. Während man vor einiger Zeit noch von einem »Beruf«, einer »Lehrstelle« oder einer »Erwerbstätigkeit« sprach, kann man beim Anglizismus »Job« wohl davon ausgehen, dass diese Bezeichnung keine Aufwertung erlebt hat, sondern eher die allgemeine Unverbindlichkeit in der Arbeitswelt widerspiegelt. Der Begriff »Job« dient als Allgemeinfloskel für den täglichen oder gelegentlichen Broterwerb jeder Art und hat sich zum Reizthema für alle entwickelt, die einen haben oder eben nicht.

Die Berufstätigen, die einen Job ihr Eigen nennen können und somit von allen Kontakten mit der Arbeitsagentur momentan befreit sind, suchen sich immer wieder gern neue aus dem englischen Sprachraum importierte Themen, um die Arbeitswelt in Misskredit zu bringen: »Burn-out«, »Mobbing« und »Outsourcing« sind einige Begriffe, die mir spontan einfallen und verdeutlichen, dass die deutsche Sprache beim Beschreiben moderner Herausforderungen offenbar schrecklich versagt. Vor einigen Jahren hätte man wohl einfach gesagt:

»Ich bin fertig mit Schönschreiben.« (Burn-out)

»Der Kerl muss hier weg!« (Mobbing)

»Das macht jetzt 'n anderer für dich!« (Outsourcing)

Da Schantall dieses weite Feld der Anglizismen nur verwirren würde, beschränkte sie sich bei der gelegentlichen Jobsuche lange Zeit lieber auf die Begriffe »Topmodel«, »Casting« und »Recall«. Bringt man nun ein wenig Statistik ins Spiel und verdeutlicht sich, dass es in Deutschland im Jahre 2010 in etwa 30.000 neue Berufsabschlüsse allein im Bereich Kauffrau/ -mann im Einzelhandel gab, aber nur eine Handvoll Damen, die bei einem Topmodelcasting in die engere Auswahl kamen, so fragt man sich, warum junge Frauen schön sein wollen und nicht gebildet oder ambitioniert, um einer anstrengenden täglichen Beschäftigung nachgehen zu können. Die Statistik offenbart, dass die Wahrscheinlichkeit, es in der Welt der Schönen und Talentierten zu packen, in etwa so groß ist, wie einen Sechser zu landen, ohne dass man vorher einen Lottoschein abgegeben hat.

Bildung ist seit jeher mit Arbeit und Aufwand verbunden und wird weltweit auch meist dummerweise während einer Lebensphase angeboten, in der man eigentlich Besseres zu tun hat, als sich täglich solch komplizierten Aufgaben zu stellen. Nämlich während der Kindheit und, noch schlimmer, während der Reifezeit in der Pubertät.

Da die Pubertät bei Schantall auch den Wunsch nach optischer Verschönerung mit sich brachte, tauschten schulische Ausbildung und der Wille, die Schönste im ganzen Land zu sein, einfach die Plätze auf ihrer Prioritätenliste. Die Medien spiegeln diese Trends gern wider. Man hat wohl festgestellt, dass es einfach höhere Einschaltquoten bringt, wenn man eine junge aufgehübschte Blondine bei der Eröffnung eines Cafés auf Mallorca in Szene setzt und zum Star avancieren lässt, statt eine dicke Kleinwüchsige mit Abitur zu zeigen, während sie in Wanne-Eickel einen Lottoladen eröffnet.

Der Glamourlevel und die damit verbundene Verführung führt bei vielen jungen Frauen dann wohl dazu, es doch einfach mal in diesem oder jenem Bereich dieser glitzernden Arbeitswelt versuchen zu wollen. Dass dieser Zug nur bis zu einem gewissen Alter bestiegen werden kann, ist das Dilemma der jungen und talentierten hübschen Menschen dieses Landes. Denn in der gleichen Phase öffnet sich nun mal auch das Zeitfenster für Schulabschluss und Berufsbeginn. Mein Vorschlag wäre es, die Medienlandschaft ein wenig zu revolutionieren und hübsche Talente während eines Lebensabschnitts zu entdecken, in dem sich mehr Freizeit und finanzielle Rückendeckung ergeben. Zum Beginn des Rentendaseins zum Beispiel wären viele Leute zeitlich wesentlich flexibler, mit Dieter Bohlen zum Recall auf die Malediven zu fliegen oder mit dem Bachelor nach St. Tropez zu jetten, um dort eine Karriere als Sängerin oder Lebedame zu starten. Zudem müsste man sich keine Gedanken mehr über ein perfektes Styling machen, da zu diesem Zeitpunkt die eingesetzten Brustimplantate ohnehin bereits in Hüfthöhe baumeln und Orangenhaut nicht nur ein Thema für den Obstteller ist.

Um zum Schluss aber mal eine Lanze für die Tausenden Kassierer und -innen zu brechen, die sich täglich dem piependen akustischen Gewehrfeuer von Barcodekassen aussetzen müssen, möchte ich an dieser Stelle einmal sagen: Sie machen einen verdammt guten Job! Sie üben sogar einen verdammt wichtigen und verantwortungsvollen Beruf aus, aber Sie sollten auch mal auf Ihre innere Stimme hören, ob es wirklich zu Ihrer Berufung gehört, beim Kassieren die Waren jedes Mal schneller abzuscannen, als ich sie hektisch mit zwei Händen in den Einkaufswagen zurückpacken kann.

Sollte es in naher Zukunft ein Einsehen bei den zuständigen Verantwortlichen der Privatsender geben, so würde sich eine Präsentation Ihrer Berufsgruppe als Alternativprogramm zu talentfreien Sängern, Singlebauern und Kunstfurzern zur Hauptsendezeit anbieten. Die Castings könnten dann zum Beispiel das korrekte Posen im Arbeitskittel auf dem Laufsteg, äh Laufband der Kasse beinhalten. Die Jury säße derweil in der Firmenzentrale und würde per Überwachungskamera das Treiben beobachten. Hier käme es auf perfektes Laufen und einen hübschen Hintern an, also wie in echt. Beim Recall durch die Jury würde nun die Fingerfertigkeit im Umgang mit Herausforderungen wie dem Wiegen von losem Obst und dem eleganten Übersbandziehen schwerer Sixpacks Mineralwasser getestet werden. Zudem könnte die Jury sehr stark auf die Stimmlage während der Performance achten – »Büüüüüüüülent, sind die Jochhurts noch in Angebot?«

Hier würden sich dann die Finalisten für die großen Mottoshows herauskristallisieren, die an zehn darauffolgenden Samstagabenden ab 20.00 Uhr, also zur normalen Arbeitszeit, beweisen könnten, wie souverän sie im Umgang mit alkopopsbeladenen Teeniehorden umgehen, wenn mal wieder die EC-Karte klemmt oder der Personalausweis nicht vorzeigbar wäre.

Das große Finale, die Wahl der Kassiererin oder des Kassierers des Jahres, fände dann weltexklusiv im Vorstandszimmer einer Firmenzentrale statt. Hier würde die fachkundige Finaljury, bestehend aus einem Boxpromoter, einem Orthopäden und einem HNO-Arzt, herausfinden, wer die meisten Blutergüsse und Bandscheibenvorfälle vom Schleppen schwerer Dosenpaletten vorweisen kann und wessen Tinnitus vom ständigen Piepen der Scannerkassen schon am fortgeschrittensten sei. Die Zuschauer hätten dann die Wahl und könnten für ihren Liebling anrufen.

Zu Deutschlands Superkassierer/in des Jahres würde das körperliche Wrack mit den meisten Anrufen ernannt werden. Hauptgewinn wäre dann zum Beispiel eine komplette neue Arbeitsbekleidung mit dem Aufdruck: »Bin ich denn blöd?«

6. KAPITEL

DISCOBEAT UND TEUFELCHEN

Es verging kein allzu langer Zeitraum in meinem Sozial-arbeiterjahr, bis ich mich mit Schantall über ein Thema unterhielt, das ehrlich gesprochen großes Interesse in mir weckte. Ich wollte ihr dabei zwar unter keinen Umständen un-mittelbar unter die Arme greifen, aber neugierig wurde ich dann doch. Es ging um das Thema Partnersuche und die damit ein-hergehende Fast-Lieblingsbeschäftigung »Party machen«, die direkt hinter den Hauptbeschäftigungen Handytelefonat und Eyelinerziehen folgte.

Man könnte meinen, dass eine junge Dame wie Schantall, der aufgrund ihrer Arbeitslosigkeit häufig ein gewisses Zeitgefühl beziehungsweise ein geregelter Tagesablauf im Stile eines Arbeit-nehmers abhandengekommen war, gerne mal die ganze Woche zur Partyzone erklärte, aber so war es nicht. Auch eine Schantall Pröllmann zog den Schluss, dass Partymachen am Freitag- und Samstagabend doch einen größeren Reiz ausübte als zum Bei-spiel am Dienstagabend. Es gab in Schantalls Wochenplanung ohnehin eine regelmäßige und nunmehr langjährig andauernde Abfolge der abzuarbeitenden Beschäftigungen:

Das Highlight am Montag war der BOP-Kurs im Fitness-studio, der den persönlichen Bedeutungsindex von zehn auf der

Skala von eins bis zehn erlangt hatte: Fitness = gut aussehen = reizvoll für Kerle, also *wichtig*.

Der Dienstagabend war ebenso wichtig, da hier die Fünfzigerkarte des Sonnenstudios Verwendung fand und damit einhergehend dieselben Gründe wie beim BOP-Kurs galten. Also auch ein unverzichtbarer Pflichttermin.

Der Mittwochabend gehörte Sohn Tschastin. Hier mutierte Schantall zur Legobaumeisterin und Mangaleserin.

Der Donnerstag war allwöchentlich der Vorglühabend mit Busenfreundin Cheyenne, der zwar durchaus feuchtfröhlich auf ein langes Wochenende einstimmen sollte, aber in der Regel in den eigenen vier Wänden Schantalls oder Cheyennes zelebriert wurde. Was hier aber definitiv fehlte, war die Partyatmosphäre inklusive Discokugel und tanzwütig zappelnder männlicher Schlagerfreunde.

Für Schantall und Cheyenne schien die Örtlichkeit einer Schlagerdisco neben dem Sommerurlaub die einzige Gelegenheit zu sein, einen Kerl fürs Leben oder für einen Abschnitt davon an Land zu ziehen. Eine recht konservative Einstellung, aber im Hinblick auf das oft verpönte Internet, in dem es anscheinend ohnehin nur Akademiker und Singles mit Niveau als mögliche Flirtpartner gibt, eine durchaus akzeptable Herangehensweise, um einen elitären Partner fürs Leben kennenzulernen. Eine Liaison mit einem Arbeitskollegen fiel wegen Schantalls Arbeitslosigkeit auch flach und die Kerle aus dem Fitnessstudio waren ihr alle irgendwie »zu prollig«. Wer sich für eine deutsche Eiche hält, steht halt ungern neben einem Stadtgartenstrauch, auch wenn er selber nicht viel größer ist. Die örtlichen Gegebenheiten, die es ihr erlaubten, Partymachen und Partnersuche miteinander zu kombinieren, waren in ihrem Heimatort zudem gar nicht mal so übel. Doch dazu später mehr.

Um nun den wöchentlichen Partywahnsinn der Schantall Pröllmann etwas detaillierter beschreiben zu können, möchte ich von einem Partyevent erzählen, das eben nicht an einem Wochenende stattfand und auch nicht ausschließlich in die Abendstunden fiel, sondern ganz im Sinne von Schantall und Freundin Cheyenne im Prinzip den ganzen Tag dauerte: Weiberfastnacht in Bochtrop-Rauxel. Schantall kam bereits montags auf mich zu und teilte mir freudestrahlend mit, dass sie am Donnerstag als Teufelchen verkleidet mit ihrer Lieblingsfreundin Cheyenne die Schlagerdisco »Pflaumenaugust« unsicher machen wollte. Zwar ohne den sonst alljährlich dort stattfindenden Men-Strip, aber dafür mit dem wohl coolsten und bestaussehenden DJ Höchstbeater, der eigentlich Cedrik hieß und seit der ersten Erspähung an der Theke im Pflaumenaugust vor einigen Wochen nun auf Schantalls Liste der noch zu erobernden Männer stand. Und diese Liste war längst nicht so prall gefüllt wie ihr imaginäres Buch der coolen Leute oder die Freundschaftsliste bei Fazzebock. Eine große Ehre also für Cedrik, von der er lediglich noch nichts wusste.

Man konnte Schantall an diesem Tag nicht absprechen, dass sie in ihrem Teufelchenkostüm mit den kleinen blinkenden Teufelshörnern und dem rot-schwarz leuchtenden Tüllröckchen nicht etwas diabolisch Anziehendes an sich hatte. Allerdings wirkte daneben ihre Freundin Cheyenne in ihrem Biene-Maja-Kostüm mit Flügeln nicht wie der passende Engel, sondern eher so, als würde man annehmen, der Teufel habe sie geritten, dieses unpassende Kostüm in Kombination mit der schwarz bemalten Nasenspitze anzuziehen. Schantall war das relativ egal, da sie ja ohnehin an diesem Abend einen klar definierten Auftrag verfolgte, und der war die Eroberung von DJ Höchstbeater alias Cedrik. Die Kostümwahl der beiden Schunkelhühner stärkte dann auch meine Ansicht, dass die Wahl von Karnevaloutfits bei Frauen und Männern nicht zwangsläufig etwas mit verschiedenen sozialen Schichten oder unterschiedlich dicken Geldbeuteln zu tun hat, sondern eher etwas mit Trends, die wohl alljährlich von der Karnevalsmafia propagiert werden, und natürlich mit aktuellen medialen Themen, die Fans gerne in Form eines Kostüms am Leibe tragen möchten. (»Mama, ich geh als Ninja Turtle!«)

Trotzdem erkennt man in den letzten Jahren ein Trendmuster in der Wahl der Karnevalskostüme, das zumindest die paarungsbereite Nymphomanin von der Gelegenheitskarnevalistin unterscheidet.

Der paarungsbereite Vamp Marke Schantall kann aus männlicher Sicht wohl vor allem durch die Kostümwahl Krankenschwester mit Häubchen, Teufelchen mit roten Aufsteckhörnern oder Retro-Ensemble mit Petticoat und entsprechender Perücke aus den frühen Sechzigerjahren glänzen. Aber auch Verwandlungen zur Strapse tragenden Stewardess und der strengen amerikanischen Straßenpolizistin sind durchaus dem Paarungstrieb förderlich. Abzuraten wäre da im Bezug auf weibliche oder weiblich wirkende Kostüme wohl eher von der Wahl der verkleideten Erdbeere, die keineswegs an die junge Dame aus der Neunzigerjahre-Fernsehsendung *Tutti Frutti*, sondern mehr an einen pürierten Mega-Smoothie aus dem Kühlregal erinnert. Ebenso scheint es unvorteilhaft zu sein, sich in diversen Tierkostümen paarungsbereit in die Karnevalssaison zu stürzen, vor allem, wenn es sich um Tiere handelt, die in freier Wildbahn bereits einen eher dicken als sportlichen Eindruck hinterlassen, wie zum Beispiel Schwein, Elefant, Braunbär oder eben Pummelhummel. Man schwitzt in den Dingern ja auch viel zu sehr und ist zudem zu sehr verpackt, als dass am Karnevalstag leicht angesäuselte Männchen da noch mit der Hand irgendeinen Eingang finden könnten.

Vielleicht sollten dementsprechend auch etwas korpulentere Frauen eher die goldene Mitte wählen und ihre Pfunde stylish, etwas konservativer, aber dennoch stilvoll in ein Kostüm zu packen versuchen. Das Kostüm der Nonne zum Beispiel umspielt charmant jede unnötige Rundung, gibt den Anschein der Züchtigkeit und garantiert aufgrund der guten Zugänglichkeit im Falle fortgeschrittenen Paarungswillens alle Möglichkeiten. Fragen Sie im Fachhandel also gezielt nach dem Modell »Heiße Schwester« in Größe XXL.

Doch zurück zum Altweiberdonnerstag in der Schlagerdisco Pflaumenaugust. Schantall und Cheyenne standen nun also in einer langen Schlange von frierenden »kleinen Feiglingen« und »Fürsten von Metternich«, die alle in ihren knappen bunten Fummeln Einlass in ihr zweites Wohnzimmer Schlagerdisse begehrten und darauf warteten, dass sie der Türsteher Sascha persönlich begrüßte.

Sascha war nicht der typische Türsteher, wie man ihn in dekadent anmutenden Edeldiskotheken der Großstädte München, Berlin oder Hamburg erwarten würde. Er war mehr eine Art maskulines Mädchen für alles. Ein Endvierziger mit Oberlippenbart, getönter Miniplidauerwelle und einem kugeligen Bauchansatz, der erahnen ließ, dass Sascha im Thekenbereich der Disco mit zu den besten Kunden gehörte. Zur Feier des Tages hatte er sich zwar seine typische Optik, die aus einem weinroten Sakko und einer permanent rutschenden Schlabberhose bestand, nicht nehmen lassen, sich aber dennoch dem Anlass entsprechend ganz keck mit einer Micky-Maus-Krawatte und zwei rot geschminkten Backen, pardon Wangen, umgestaltet. Dass noch niemandem gelungen war, die Krawatte mit einer Schere zu kürzen, zeigte, wie sehr er auf dieses Event abfuhr. Im Großen und Ganzen war Sascha aber die Puffmutter der Diskothek und hielt den Laden, so gut es ging, sauber und zusammen.

Als er seine beiden Stammdiven Schantall und Cheyenne erblickte, war es für die beiden dann auch ein Leichtes, sich an der langen Kassenschlange vorbeizuschieben, um auf Einladung von Sascha den Schlagerschuppen etwas elitär zügiger betreten zu können. Saschas leichter Klaps auf den diabolischen Tüllhintern von Schantall überspielte diese ganz charmant und gut gelaunt: »Gleich schmier ich dir eine, mein Freund! – Sama, is Cedrik schon drin?«

Türsteher Sascha gab hämisch kichernd Auskunft, dass er Cedrik heute nur kurz gesehen habe. Schantall reichten diese spärlichen Informationen aber aus, um die Operation Cedrik planen zu können. Cheyenne wusste vom Vorhaben Schantalls nicht viel und das war auch so gewollt. Nichts auf der Welt sollte Schantall im entscheidenden Moment stören, wenn sie all ihre Erfahrung in der Eroberung und dem Bezirzen eines männlichen Geschöpfs ins Spiel brachte, um einen Frontalangriff zu starten.

Cheyenne rannte nach Ankunft im Eingangsbereich der Disco sofort Richtung Klo – was ja bei Frauen häufiger vorkommt –, um dem den kalten Außentemperaturen und der Kombination aus Kleiner Klopfer, Sorte Whisky-Sahne, und Rosé geschuldeten Drang nachzugeben. Schantall, die sonst immer liebgewonnene Begleiterin Cheyennes in Damentoilettenfragen, witterte hier nun sofort ihre Chance, sich schon einmal im Discofoxbereich ein wenig umzusehen, ob Cedrik nicht doch bereits an den Plattentellern stand. Bewaffnet mit ihrem Begrüßungssekt, tippelte sie also mit ihren Stilettoabsätzen in Richtung Schlagerhölle, um sich optisch auffallend in Position zu bringen.

Günstig gelegene Orte, um sich als Frau in einer Diskothek attraktiv für die Männchen der Zunft zu präsentieren, sind dabei die Bereiche in Eingangsnähe, die trotzdem in unmittelbarer Nähe zur Tanzfläche liegen, sodass ein Radarscan der infrage kommenden Altweiberopfer ohne große Verrenkungen des Nackenbereiches möglich ist und man gleichzeitig die paarungsbereiten Männchen beim Balztanz beobachten kann. Der an der Theke liegende, ein wenig verpönte Stehplatz sollte meiner Meinung nach nur gewählt werden, wenn man seinen Alkoholpegel in Kurzzeit auf ein gewisses Niveau anheben möchte, da man sich auf diese Weise weite Wege zur überfüllten Thekenzone ersparen kann. Die ultimative Zone, um mehrere Faktoren eines gelungenen Auftritts an diesem speziellen Tage zu vereinen. ist aber der Tanzstehplatz auf der riesigen Bassbox direkt am DJ-Pult, mit Abstellmöglichkeit des Sektglases auf dem Mischpult daneben und 1a-Blick auf das Geschehen der Tanzwütigen beziehungsweise den Arbeitsbereich der leicht erhöhten DJ-Kanzel mit dem bezaubernden Cedrik.

Cheyenne, die gerade von ihrem Pipi-Ausflug von der Damentoilette zurückgekommen war, wollte nun ebenfalls auf den Turm aus Musikboxen klettern, um musikalisch mit Schantall *Viva Colonia* anzustimmen und damit ihre Liebe auch zu auswärtigen Städten zu besingen. Schantall war diese platzeinnehmende Klettertour Cheyennes zu ihr auf den Boxenturm gar nicht recht, da sie jetzt weder ausladend tanzen, noch sonst irgendwie cool wirken konnte und ihr die Sicht zum DJ-Pult durch die Biene Maja versperrt war. Aber sie waren nun mal zusammen zu diesem Event gestartet und trotz beabsichtigter Männersuche war das Gen Busenfreundin ja doch recht stark ausgeprägt in Schantall, sodass sie sich mit der Pummelhummel Maja auf der schmalen Bassbox arrangierte und unfreiwillig zum treudoofen Maja-Freund Willi mutierte.

»Und der DJ heute heißt Cedrik?«, fragte Cheyenne schüchtern bei der allwissenden Schantall nach.

»Der heißt Cedrik, legt aber als DJ Höchstbeater auf. Klingt auch cooler!«, gab Schantall besserwisserisch zurück.

»Cool! Der Typ vorhin am Klo hieß auch Cedrik. Scheint ja 'n total angesagter Name zu sein!«, konterte Cheyenne und machte Schantall leicht stutzig.

»Wie, der hieß auch Cedrik? Wat hat der denn da gemacht?«, fragte sie neugierig.

»Na, der hat da die Neonröhren ausgewechselt, weil die so 'ne Olle mit 'nem Sektkorken kaputtgeballert hatte! Voll süß der Typ.«

Schantall nahm nur mit einem Ohr und eher beiläufig die Anschmachtung Cheyennes wahr, schien nun aber doch fixiert darauf zu sein, wann denn endlich Helene Fischer vom Band endete und wahre Schlagergrößen wie Mickie Krause von Schantalls DJ-Gott Cedrik aufgelegt wurden. Die Stimmung stieg mittlerweile ebenso steil an wie die Temperatur in diesem überschaubaren Tanzpalast.

Die Schlagerdisco Pflaumenaugust trug nicht nur einen selten bescheuerten Namen, sondern war in Sachen Innenausstattung auch nicht das, was man einen stylishen Loungebetrieb mit Clubatmosphäre nennen konnte. Während in hippen, durch-gestylten und meist eher kühl wirkenden Szenediscos meist die Anzugträger und Pseudo-Intellektuellen ihre Chi-chi-Partys feierten, ging es hier im Pflaumenaugust gerne mal etwas derber zur Sache. Insbesondere die dunkle Szenerie mit greller Party-beleuchtung und Bierzeltbänken, wie sie eher an ein Scheunen-fest als an eine Hightechdisco erinnerten, sorgten wohl für die gemütliche Note. Zur Feier des Tages waren zudem tonnen-weise Girlanden, Luftschlangen und anderes Karnevalsgedöns an Wänden und Decken angebracht worden. Eine extra an-gemietete Konfettikanone blies dabei alle dreißig Minuten einen dicken Schwall Konfetti auf die anwesenden Vergnügungsjünger. Ein großer Kronleuchter mit dicken Stumpenkerzen sollte dem Ganzen dann doch noch eine barocke Loungeatmosphäre verleihen, was jedoch in Anbetracht der geringen Deckenhöhe der Kellerdisco in die Hose ging und eher für angeschlagene Köpfe sorgte, da sich die Besoffenen, die auf den Bänken tanzten, dort die Birne verbeulten.

Nachdem sie eine gute halbe Stunde lang einer Mischung aus Karnevalsgassenhauern und seichtem Dancefloorgedudel aus den Neunzigern gelauscht hatten, kam dann endlich der umjubelte DJ an sein Pult. Wie es sich für einen echten DJ gehörte, hatte er natürlich lauter Equipment unterm Arm, um zu demonstrieren, dass er sein Werkzeug keinem dahergelaufenen Haustechniker überließ, sondern noch persönlich verkabelte.

Nachdem der hünenhafte DJ nun seinen Technikplunder abgestellt und verdrahtet hatte, begrüßte er seine Partypeople mit den wohl coolsten Worten, die ein so topmodern gekleideter und perfekt auf sein Publikum vorbereiteter DJ nur wählen konnte. Ein Traumtyp, der es schaffte, die Massen schon vor seinem musikalischen Auftrag in Ekstase zu versetzen, sie zu Begeisterungsstürmen verleitete und den mit Sicherheit nicht jede Frau an diesem Abend haben konnte. Das war ein Mann, der sich nicht jedem dahergelaufenen Flittchen hingeben würde. Nein, das war ein Kerl, wie man ihn sich als Frau wünscht. Weltoffen und wortgewandt und nur am Mikrofon stehend mit den Worten, die der ganze Saal inklusive Schantall und Cheyenne doch so sehnsüchtig erwarteten. »Hallö, isch bin der DiiJäi Ronny un isch mach eusch heut hier güte Laune. Isch komm zwar von drüüüben, aber alte Weiber ham ma dö auch gehabt! Hö, hö, hö!«

Und während Cheyenne mit der ganzen tanzwütigen Schlagermeute etwas begriffsstutzig in Jubelstürme ausbrach, öffneten sich bei Schantall die Augen im Zeitlupentempo, während sich ihr Blick nach starrer Verharrung ebenso langsam zum DJ-Pult und zu Cheyenne wendete. »Was is das denn für ein Asi? Was labert der denn da? Wo is Cedrik?«

Und während DJ Ronny die erste Mucke in Form der Höhner durch die Boxen drückte, schrie ihr Cheyenne ins Ohr, dass der doch ganz cool sei und der Laden ja voll abginge. Schantall jedoch sah ihren Auftrag in Gefahr. Während sich heutzutage viele Menschen sehr leicht von ihren gesteckten Zielen abbringen lassen, stand für Schantall fest, dass sie an ihrem Vorhaben festhalten musste und es mit Sicherheit der ganze Aufwand Weiberfastnacht nicht wert war, nun mit dem ostdeutschen Aushilfsdiscjockey Ronny den Abend zu verbringen, während irgendwo in dieser Kellerdisco das Ziel der Begierde, Cedrik, sein Unwesen trieb.

Nach gut vierzig Minuten starren Ausharrens auf der Bassbox und weiteren gefühlten hundert Gassenhauern aus dem letzten Jahrhundert, wurde es Schantall dann zu bunt. »Ey, Cheyenne! Weißt du genau, dat der Typ da an Damenklo auch Cedrik hieß?«

»Ja, dat hatta mir hier aufn Bierdeckel geschrieben, als ich aus den Klo kam. Voll Hardcore!«

Schantall wurde die Gesamtsituation zu unübersichtlich und unbefriedigend. Ein Kerl, der Cheyenne am Damenklo einen Bierdeckel mit seiner Telefonnummer in die Hand drückte. Äußerst ungewöhnlich. Ein Kerl, der auch noch Cedrik hieß, ein Vorname, wie er selbst im Kundenstamm der Disco Pflaumenaugust nun doch nicht so oft vorkommen kann, und dazu noch ein total freakiger Discjockey mit Vokuhila-Frisur aus Plauen. Alles sehr mysteriös. Schantall musste handeln, um die Gesamtsituation wieder in den Griff zu bekommen. Der Abend musste eine Wendung nehmen und so eröffnete Schantall den Frontalangriff auf das Ziel des Abends – Cedrik. »Ich geh den jetzt suchen! Der Kerl muss ja irgendwo sein. Vielleicht legt der ja nebenan auf!«, mutmaßte Schantall.

»Bei die Tekknos? Ich denk, der legt nur Schlager auf! Soll ich mitkommen, suchen, Schantall?«

»Ne, dat is besser, wenn ich dat alleine mach. Sach ma Cheyenne, wenne wills, tu ich den Bierdeckel solange bei mir inne Tasche. Du has doch gar keine Taschen an die Maja.« Schantall zog wirklich alle fiesen Waffen der weiblichen Armee und machte nun ihrem teuflischen Kostüm alle Ehre.

»Ne, lass mal«, gab Cheyenne zurück. »Den Deckel steck ich mir in Ausschnitt. Da hälta warm.«

Die in Schantall wachsende Unruhe trieb sie im wahrsten Sinne des Wortes zu einem unbedachten Schritt auf der doch etwas engen Bassbox, mit dem das Liebesschicksal nun seinen Lauf nahm. Schantall hatte das bereits seit längerer Zeit geleerte Sektglas ihrer Freundin Cheyenne zu ihren Füßen nicht mehr auf dem Schirm und trat beim ersten Versuch, die Bassbox möglichst elegant zu verlassen, auf dasselbige. Der nun ausgelöste Kippeffekt durch das Wegknicken ihrer Stilettoabsätze, in Kombination mit der nun breitarmig jubelnden Cheyenne, die Schantall ihre Biene-Maja-Flügel ins Gesicht schob, sorgten dafür, dass Schantall das Gleichgewicht verlor und mit einer seitlichen Drehung nach vorne fiel. Die von ihr reflexartig gepackte Girlande konnte den Sturz von der ein Meter hohen Bassbox ebenso wenig verhindern wie der zu niedrig aufgehängte Kronleuchter, der seine gusseisernen Arme nun unbarmherzig gegen die fallende Schantall prengeln ließ. Zudem sorgte das bereits vor Schantall auf dem Boden angekommene zersplitterte Sektglas ihrer Freundin Cheyenne bei ihrer unsanften Landung für derbe Einschnitte an ihren Handflächen. Neben den manikürten Fingernägeln nahmen bei diesem Kunststurz auch die roten Plastikhörner Schaden und verbeulten sich so sehr, dass Schantalls Kopfschmuck nun eher an einen malaysischen Zwirbelhornbock erinnerte, dem aus Scham die Hörner rot anschwollen. Was die Situation aber komplett aus dem Ruder laufen ließ und für großen Aufruhr in der Kellerdisco sorgte, war die Tatsache, dass ihr tülliger Teufelsrock während des Vorbeifluges am Kandelaber auch noch Feuer gefangen hatte, was zwar im überschaubaren Bereich geschehen war, den Profi-DJ Ronny aber dazu nötigte, seinen Autofeuerlöscher unter dem DJ-Pult zu schnappen und damit den leicht glimmenden Rock des Teufels mit einem weißen Schaumteppich zu schmücken.

Die Hölle war los, auch wenn der Teufel nicht mehr loderte. Cheyenne, die unterdessen von der Bassbox geklettert war, nahm sich sodann rührend ihrer angeschlagenen Freundin an und half ihr wieder auf die Beine. Ein schönes Bild, das sich nun für die versammelte und ironisch klatschende Karnevalsbagage ergab. Schantall, die noch etwas benebelt von ihrem Freiflug aufs Gesicht war, wollte der Situation schnellstmöglich entkommen. Ihr war klar, dass eine junge Frau mit verknickten Plastikhörnern im Gesicht, einem weißen Schaumteppich am ganzen Körper sowie einem angesengten Tüllrock und blutenden Händen nicht mehr zwangsläufig für einen feuchtfröhlichen Karnevalsabend taugte. Busenfreundin Cheyenne sah das ähnlich und führte Schantall auf Anraten von DJ Ronny nun erst einmal aus dem Raum. Die anwesende Schlagerbardenfraktion bejubelte den Abgang des kleinen Teufelchens mit der alten Wolfgang-Petry-Songpassage »Hölle, Hölle, Hölle!«. Die Konfettikanone setzte ein und – *bumm* – tauchte der Konfettiregen Schantalls Antlitz aus Feuerlöschschaum zu einer finalen Melange, die an ein Softeis mit kleinen Smarties erinnerte.

Türsteher Sascha, der aufgrund des kurz einsetzenden Tumults ebenfalls zur Stelle war, brachte Schantall nebst Freundin Cheyenne an den Damentoiletten vorbei durch eine große Stahltür in ein Hinterzimmer, das außer Dutzenden dort gelagerten Paletten Schnaps und Likören auch eine Art Aufenthaltsraum darstellte, in dem sich die Promi-DJs, die hier auftraten, gebührend auf ihren Auftritt einstimmen konnten.

Schantall legte sich, gezeichnet von ihrem kunstvollen Abgang von der Bassbox, nun auf eine bereitstehende Couch, bei der man sich nicht vorstellen wollte, wer hier bereits alles gesessen hatte. Cheyenne, die sich in diesem Raucherbereich nun erst mal eine Zigarette ansteckte, setzte sich leicht frustriert auf einen Hocker in die Ecke des Raumes. Auch für sie schien der noch junge Abend bereits gelaufen zu sein und so blieb ihr nichts anderes übrig, als eine gute Biene, äh Miene zum bösen Spiel zu machen.

Und dann war es endlich so weit. In der Schwarzwaldklinik Pflaumenaugust mit ihrem ambulanten Backstagebereich, dekoriert mit wichtigen medizinischen Utensilien wie Schnapskanülen und Liköreinläufen, öffnete sich die Tür für die Visite des leitenden Oberarztes, in Form eines Mitarbeiters, dem der Sanitätsdienst ebenso wenig fremd schien wie die Hausmeistertätigkeit an Damenklos. Mit einem breiten Lächeln und strahlenden Augen stand er nun vor der verhunzten Schantall und stellte sich kurz vor: »Hi, ich bin Cedrik. Gott, siehst du scheiße aus!?«

Wie weggeblasen schienen nun die Blessuren an Schantalls glasgeritzter Handflächen, die Beule vom Kronleuchter am Schädel und die Prellungen am Arm vom Auftitschen auf den harten Discoboden. Da stand er also und war es leibhaftig. Beide Mädels stimmten unisono ein: »Cedrik?!«

Es handelte sich tatsächlich um *den* Cedrik, der vorhin noch damit beschäftigt gewesen war, die Neonröhren im Gang der Damentoilette auszuwechseln, und den Schantall heute eigentlich als DJ im Schlagerbereich erwartet hatte.

Und während Cedrik als Gelegenheitssanitäter damit begann, Schantalls blutende Hände zu verbinden, löste er vis-à-vis zur lächelnden Schantall auch gleich das Missverständnis auf und erklärte, dass er zwar als DJ hier und da auflege, seine Auftritte aber mehr bei Privatfeiern stattfanden und er hier im Pflaumenaugust nur gelegentlich als Haustechniker bei Partys arbeite.

Cedrik war der Typ Mensch, dem es als Kind und in der Jugend an nichts gemangelt hatte, da sein Vater als äußerst zwielichtiger Unternehmer bereits frühzeitig mit einem Fernbusreisebetrieb, der unter anderem Fahrten nach Lloret de Mar anbot, ein mittelgroßes Vermögen erwirtschaftet hatte. Als Sprössling, der also nicht unbedingt von Sorgen geplagt war, vermied er es jedoch auch, einer geregelten Beschäftigung nachzugehen. So kam es also dazu, dass Cedrik zum Gelegenheitsjobber wurde und dies nun schon seit einigen Jahren durchzog. Durchaus vielseitig interessiert arbeitete er sowohl als Haustechniker, DJ, Hobbysanitäter, Fahrradkurier sowie Fitnesstrainer im Gym Bean in der City. Irgendwann würde er ohnehin die Firma des Alten übernehmen und sich ins gemachte halbseidene Nest setzen.

Entsprechend zügig und medizinisch gekonnt waren dann auch die Hände von Schantall in dicke Verbandswickel eingepackt und der kleine zerbeulte Teufel sah nun aus wie eine verkorkste Sahnecremetorte mit Fäustlingen an den Händen. Cheyenne gab zu bedenken, dass sich Schantall mit diesem verbrannten Röckchen auf keinen Fall auf die Heimreise machen konnte. Schantalls Hoffnung, dass Cedrik ihr nun anbieten würde, sie mit dem Auto nach Hause zu fahren, platzte zügig, als er ihr leicht begriffsstutzig ein paar Ersatzkostüme anbot, die ebenfalls in diesem Hinterzimmer an einem Kleiderständer hingen. Sie waren zwar für Männer gedacht und eigentlich wollte sie auch niemand mehr anziehen, aber für diese Notsituation schienen sie perfekt zu sein.

Schantall hatte für den Heimweg ohne verbranntes Teufelchenkostüm nun also die Auswahl zwischen einem Bauarbeiterkostüm, einem Motorradcop, einem Indianer und einem Cowboy mit verspiegelter Sonnenbrille. Die Kostüme seien beim Auftritt einer Band im vergangenen Jahr liegen geblieben und von der schwulen Combo auch nie wieder abgeholt worden. Schantall entschied sich also für das Bauarbeiterkostüm und fragte gleich nach Cedriks Telefonnummer, falls sie doch noch mal seine medizinische Hilfe in Anspruch nehmen müsse. Cedrik wies erneut begriffsstutzig auf Cheyennes Bierdeckel hin, auf dem ja bereits seine Nummer notiert war. Er wünschte den beiden einen guten Heimweg und verschwand ohne einen weiteren Kommentar, aber mit breitem Lächeln und funkelnden Augen im Gedränge der Disco.

Während Schantall nun endlich das übergroße Bauarbeiterkostüm angezogen hatte und ihre verbeulten Plastikhörner im Mülleimer verschwunden waren, erkannte man, dass Cheyenne über die Aktion mit dem Bierdeckel nicht besonders erfreut war, da sie sich wohl mehr Exklusivität von Cedriks Telefonnummer erhofft hatte. »Hier, wenne noch wat anne Hände has, dann kannse da anrufen.« Cheyenne drückte Schantall den vom Dekolleté angewärmten Bierdeckel enttäuscht in die Hand und beide verließen die Disco durch den Hinterausgang, um sich blöde Kommentare bezüglich Schantalls Schlabberkostüm zu ersparen.

Erst als beide an der Bushaltestelle ankamen und Schantall den nun eroberten Bierdeckel mit Cedriks Nummer in ihre kleine Handtasche stopfte, wurde ihr langsam klar: Der Tag war gar nicht mal so schlecht verlaufen. Zwar hatte die Jagd auf ein männliches Geschöpf einen hohen Preis gefordert, der noch Tage schmerzvoll nachwirken würde, aber die Operation Cedrik war geglückt, das Tier angeschossen und nun musste Schantall es nur noch schaffen, das Männchen zu erlegen, um es dann abtransportieren zu können. Mit dem Bierdeckel und dem ersten Eindruck, den Schantall unter Umständen auf Cedrik gemacht hatte, sollte dies ein Leichtes sein. Somit konnte sich

Schantall durchaus gut gelaunt mit ihrer Freundin Cheyenne auf der letzten Bank des Gelenkbusses niederlassen und mit verbundenen Händen auch getrost ertragen, dass eine Gruppe Besoffener mit Afroperücken den Bus bestieg und lauthals neben ihr sang: »Sie liebt den DJ! Sie liebt den DJ!«

WAS HÄNGEN BLIEB:

»Die Liebe ist ein seltsames Spiel. Sie kommt und geht von einem zum anderen«, sang vor vielen Jahren Connie Francis in einem ihrer wohl bekanntesten Lieder. Bei Schantall war es nicht viel anders, da auch sie seit vielen Jahren von einem zum anderen kam und wieder ging. Das Wort »Liebe« war da zwar immer schnell gefallen, aber ernsthaft praktiziert wurde sie nie. Schantall hielt es in den vergangenen Jahren da eher mehr mit ihren Vorfahren. Also den Vorfahren, die nun schon etwas länger unter der Erde weilten. Und zwar die, die noch mit Lendenschurz aus Fell und Holzkeule durch die Lande zogen und denen es absolut unwichtig war, welchem sozialen Milieu ein Weibchen oder Männchen entsprang. Entscheidend war der zügige Pärchenbund zum Zwecke der Fortpflanzung und zur Aufrechterhaltung des Familienbündnisses durch Versorgung (Jagd) und Schutz (Höhle).

Schantall war eine junge Dame, der dieser Gedanke sehr gefiel, sodass für sie wohl das Hauptziel bei der Findung eines männlichen Geschöpfes darin lag, einen starken Partner an die Seite zu bekommen, der für sie auf die Jagd ging und eine entsprechende Höhle bereitstellte. Dass der gesuchte Ernährer zwar nicht mehr Fell um die Hüften tragen sollte, sondern Ballonseide und obenrum bestickte Polohemden, und auch die Jagd nicht mehr den Wildschweinen der Umgebung, sondern mehr den

Basics Tablet-PCs und Wildlederstiefeln galt, war dabei wohl dem Zeitgeist geschuldet. Zwar sollte die Höhle des zukünftigen Ernährers auch aus Stein sein und eine offene Feuerstelle beinhalten, jedoch ausschließlich aus den Werkstoffen Marmor und Granit gefertigt. Die Feuerstelle wäre dann entsprechend der offene Kamin im sechzig Quadratmeter großen Wohnzimmer. Von einem solchen Jäger und Sammler würde Schantall liebend gerne Gene zur Weiterverarbeitung annehmen. Alles andere wäre im Hinblick auf ein langes Leben wohl mit mehr Arbeit und Unzufriedenheit verbunden. Mit anderen Worten: Der Kerl, der für Schantall infrage kam, hatte Kohle, Platz und im besten Fall auch noch das Gesicht von Brad Pitt in jung. Eine spannende Konstellation und im beschaulichen Heimatort der Schantall Pröllmann leider nicht an jeder Klümpchenbude zu finden. Doch wo finden sich solche Pärchen beziehungsweise ist eine Verschmelzung unterschiedlicher sozialer Milieus bei der Partnerwahl überhaupt möglich?

Gleich vorweg: Ja, es scheint möglich, allerdings nur in eine Richtung. Der arbeitslose Computerhonk und Dosenbierjunkie, der den ganzen Tag in liebestollen Chatforen sein Unwesen treibt, wird dort mit ziemlich großer Unwahrscheinlichkeit die junge gepflegte Unternehmensberaterin aus gutem Hause kennenlernen. In der freien Wildbahn wird ihm dies ebenso wenig gelingen, wenn er überhaupt auf diesen Gedanken käme. Umgekehrt, das hat auch Schantall begriffen, ist dies schon eher möglich, sodass ein possierliches Auftreten in Verbindung mit nicht allzu vielen verschachtelten Sätzen oder Hintergrundinformationen über ihr Umfeld ausreichte, um doch hin und wieder mal einen cleveren, adretten und pekuniär abgesicherten Mann kennenzulernen.

Ausschlaggebend hierfür ist in der Regel, dass das streunende Weibchen in die Jagdgebiete ebensolcher Männchen eindringt.

Womit wir schon beim Thema wären, da diese Jagdgebiete ja häufig strikt voneinander getrennt sind, sodass sich eigentlich nur Konstellationen aus ein und demselben sozialen Milieu ergeben können.

Als Mischjagdgebiete kommen da zum einen die absoluten Partybumsbuden infrage, die man in jedem noch so verschlafenen Nest findet und die meistens eine Alleinstellung in der Umgebung haben, weswegen sich dort allsamstäglich die gesamte Teenie- und Twen-Fraktion zum Partyfeiern, Tanzen und eben zur Gegenüberstellung von Männlein und Weiblein unter einem Dach versammelt. Dem dörflichen Charakter entsprechend und im Style eines Schützenfestzeltes dekoriert, gibt es meistens nicht viele Möglichkeiten, das Ambiente in Großstadtflair zu tauchen oder den besagten Unternehmensberater mit Porsche vor der Tür kennenzulernen. Die Dorfjugend, häufig im Stile einer Schantall Pröllmann, kommt jedoch in Sachen Party voll auf ihre Kosten, da die Events recht ungezwungen ablaufen und hier sogar der Bürgermeister besoffen mit dem Fahrrad nach Hause fahren kann, ohne aufzufallen. Die Musik wird meist von Gelegenheitsdiscjockeys aufgelegt, die ihre eigene, langjährig angesammelte CD-Sammlung in riesigen Alukoffern mitbringen und sich zur Feier des Tages über ihr »Unheilig«-T-Shirt noch ein glitzerndes Jackett mit hochgekrempelten Ärmeln anziehen.

Die zweite Art Amüsierbetrieb, die auch im Heimatland von Schantall, dem Ruhrgebiet, oft zu finden ist, sind die vielen auf Hochglanz polierten und meist nicht sehr individuell eingerichteten Szenediscos und Systemgastronomien, bei denen man sich im Innenraum direkt fragt, in welcher Stadt man eigentlich gerade ist, da sich alle Filialen bis ins kleinste Detail ähneln. Einem Trend folgend, den zwar nie irgendjemand vorgegeben hat, der aber unbarmherzig anhält, treffen sich hier an vielen Tagen der Woche Schantalls, Schackelines, Marvins und Dustins, aber auch Olivers, Claudias, Andreas und Rolands, um meist in strikten Cliquenverbünden einen netten Abend zu verbringen. Von purem Flirtvergnügen und lockerem Umherstehen keine Spur, da die an der Wand und in jeder Ecke angebrachten Flachbildfernseher eher zur Beschauung von American Football einladen als zum Augenkontakt mit einem potenziellen Flirtpartner. In den Szenediskotheken, die wohl dem Lehrbuch der Inneneinrichtung entsprungen sind, sieht es da leider oft nicht anders aus. Eine Atmosphäre, wie sie augenscheinlich an Schlösser der Barockzeit oder mediterrane Fincaprachtbauten erinnern soll, sorgt im Farbkontrast terracottarot und sandfarben dafür, dass man sich hier eher wie in einer Freakshow eines spleenigen spanischen Schlossbesitzers fühlt als in einer musikalisch trendigen Tanzdisco mit Flirtpotenzial.

Kommen wir zu den eigentlichen und glücklicherweise am häufigsten vorzufindenden Örtlichkeiten, in denen junge wie reifere Partypeople, egal aus welchem sozialen Milieu, aufeinandertreffen, Spaß haben und sich zur gleich- oder fremdgeschlechtlichen Zusammenkunft treffen können. Keine Sorge, ich spreche nicht vom Oktoberfest. Nein, es sind die klassischen Discos oder Clubs um die Ecke gemeint, die man schon seit Jahren kennt und denen man nicht zutraut, dass sie irgendwann mal sich vom Publikum und von der Innenausstattung her ändern oder sogar gefegt werden. Der Ort also, wo man sich wie zu Hause fühlen kann, weil hier alle Besucher ein und dieselbe Sprache sprechen und man sich nicht mit Nebensächlichkeiten wie »Happy Hour«, »Trink 3 für 2« oder »Gambas-all-you-can-eat« aufhält. Hier wird gesoffen, gefeiert, getanzt und geflirtet und zwar nach allen Regeln der Kunst.

Damit die Kunst auch zu kreativen Ergebnissen führt, werden meist themenbezogene Abende abgehalten, sodass Besucher jeder Gesellschaftsschicht zusammen Spaß haben können, Extreme aber nicht vermischt werden. Die Gothicparty sollte daher nicht zusammen mit der Ü40-Party auf einen Abend fallen. Ebenso scheinen Events wie das Hard-Rock-Festival und die Ibizaparty an einem Abend keinen Sinn zu ergeben. Aber das Schöne ist: Wer einen Partner sucht, der über vierzig ist und gerne mal im schwarzen Ledermantel mit weißgeschminktem Gesicht nach Ibiza fliegt, um dort den Special Gig von Metallica live zu sehen, der könnte auf allen Partys fündig werden.

Somit sollte sich auch eine Flirtchance für Schantall Pröllmann mit einem finanziell gut gestellten Männlein ihrer Wahl ergeben, bei dem sie zielsicher zuschlagen konnte, um alles Weitere in die Wege zu leiten. Der von ihr anvisierte Cedrik passte in ihr aktuelles Beuteschema, besonders da er auch Schantalls Musikgeschmack traf. Hier trennt sich erneut die Spreu vom Weizen. Partyevents wie eben beschrieben, bei denen der DJ nicht mehr mit den CD-Alukoffern aufläuft, sondern bereits mit dem PC am Pult arbeitet, werden meist thematisch nach diversen Musikrichtungen aufgeteilt, bei denen man nicht selten versucht, den Geschmack eines breiten Publikums zu treffen, oder aber ganz spezielle Musikstile wählt, die eine volle Halle garantieren, da sie ein ganz gewisses Publikum und eine treue Fanschar anlocken.

Im Falle von Schantall Pröllmann sollte man ihr zur richtigen Partnerwahl also von den musikalischen Stilrichtungen Death Metal, Punk, Grunge Rock, Hip-Hop oder russische Polka abraten, da hier von vornherein kein Corvette fahrender Unternehmersohn unter den Feiernden zu erwarten war. Die von Schantall bevorzugten Stilrichtungen waren da eher Popschlager, Dancefloorfillers sowie alles, was jeweils die aktuellen Charts hoch- und runtergedudelt und von zahlreichen lokalen Radiosendern auch noch frecherweise als »das Beste von heute« bezeichnet wurde.

Natürlich stand es in den Sternen, ob Schantall auf speziellen Partyevents, wo diese Musik gespielt wurde, den passenden Versorger treffen würde, aber die Chancen, einen versprengten Popschlagerfan aus gutem Hause und mit dem nötigen finanzieller Background zu finden, stünden nicht schlecht. Somit ging die Suche der Schantall Pröllmann nach dem Geschöpf der Träume weiter und eventuell war die Wahl beziehungsweise erste Kontaktaufnahme mit Cedrik ja der erste Schritt in die richtige Richtung, um den Jagdtrieb irgendwann komplett einstellen zu können.

Sollten Sie nun immer noch überlegen, welcher örtliche Vergnügungsbetrieb für Sie persönlich infrage kommt, um einen Partner fürs Leben zu erspähen, und an welchem musikalisch schwangeren Ort Sie dafür mit Ihren Wünschen und Geschmäckern am sinnvollsten aufgehoben sind, empfehle ich Ihnen ganz simpel den Besuch einer Singleparty an einer liebevoll und individuell dekorierten Örtlichkeit. Ziehen Sie sich Ihr frisch gewaschenes T-Shirt mit der Aufschrift »Suche Dame! Biete Mühle!« an und lassen Sie das verwaschene Schlabbershirt mit der Aufschrift »Megadeth« heute mal im Schrank. Für Frauen gilt Ähnliches: Ziehen Sie sich Ihr frisches Blüschen mit der Aufschrift »Suche Herrn, bei dem ich Dame spielen kann!« an und verzichten Sie auf das Hansi-Hinterseer-T-Shirt, das Sie sonst immer zum Fensterputzen anhaben oder gleich dafür benutzen. Packen Sie ein offenes Wesen und ein charmantes Lächeln in Ihre enge Jeanstasche und vermeiden Sie, sich beim pflichtgemäßen Tanzen wie eine Schubkarre Sand zu bewegen. Dann sollte einem sympathischen Kennenlernabend mit anatomischen Begegnungen nichts mehr im Wege stehen.

7. KAPITEL

JUNGER MANN ZUM MITREISEN GESUCHT

Irgendwann im Laufe meines ersten Jahres bei den Pröllmanns kam der Tag, an dem die Familie erkannte, dass der gute alte Jochen kein so übler Typ war und man ihm für sein Engagement mal etwas zurückgeben könnte. Im Milieu der Schantall und der Pröllmanns war es durchaus wichtig, als akzeptiert zu gelten, da das den Umgang mit allen Familienmitgliedern plötzlich stark vereinfachte und harmonischer gestaltete. Ähnlich einem Motorradklub oder einer Söldnerarmee gab es klare Hierarchien innerhalb des Umfeldes der Familie, in denen man sich durch Zigarettenspenden und monetäre Minikredite hocharbeiten konnte. Die Bandbreite ging von ganz unten mit der Betitelung »Wer bist du denn?« stetig aufwärts bis zur freundlichen Begrüßung »Alter! Alles klar?«. Ich hatte nun also das Hierarchielevel »Alter! Alles klar?« erreicht, was von der Wertung her anscheinend kurz unterhalb des Häuptlings der Familie Vadder Pröllmann angesiedelt wurde. Ich war nun also ein durchaus willkommener und akzeptierter Freund der Familie.

Als Geste der Anerkennung und als Dankeschön für die Hilfe, die der Familie durch meine Anwesenheit in den letzten Monaten zuteil geworden war, luden mich die Pröllmanns in einem Anflug der Großzügigkeit auf die Kirmes ein. Ein ganz besonderer Tag war angedacht, an dem das ganze Rudel Pröllmann anwesend sein würde, bei dem ich aber als Star des Tages galt. Hätte ich diese zweifelhafte Geste der Großzügigkeit nur dankend abgelehnt und mir eine Ausrede einfallen lassen, um nicht an diesem brütend heißen Donnerstag (und zudem Kirmes-Familientag) die brechend volle Sommerkirmes der Nachbarstadt besuchen zu müssen. Doch es kam anders.

Die Worte »Einladung« und »Großzügigkeit« sollen in meiner Erläuterung allerdings eher in Bezug auf die herzliche Geste und den guten Willen der Pröllmanns bezogen sein, da ich diesen Kirmesnachmittag selbstredend aus eigener Tasche berappen durfte und mir zudem anhören musste, dass mir der ewig klamme Sohn Jason die geborgten fünfzig Euro für den Autoscooter garantiert nächste Woche zurückzahlen würde. Zur Feier des Tages und um mir als Familienfremden auch das Gefühl von Geborgenheit zu geben, ging es an diesem Tag nicht wie üblich mit dem Linienbus durchs Land, sondern mit einem Pritschentransporter, den sich Vadder Günther von seinem Kneipenfreund Wilfried geliehen hatte.

Wilfried arbeitete mit dem Fahrzeug eigentlich als Schrott-händler, nahm die zweiwöchige Anwesenheit der Schausteller-gilde aber zum Anlass, einen Aushilfsjob auf der besagten Kirmes anzunehmen. Genauer gesagt, führte er für die Klein-kinder die Ponys durch das Rund, was zwar weder Wilfried noch die Ponys geistig forderte, aber körperlich wesentlich an-genehmer war als die harte Maloche als Schrotthändler. Die Ge-schäfte liefen ohnehin nicht mehr so gut und im Prinzip stellte der alte VW-Pritschenbully das größte Kapital dar, da er den größten Schrottwert von allen gesammelten Teilen der letzten Wochen repräsentierte. So war es nur eine Frage der Zeit, wann das Ding der Schrottpresse zum Opfer fallen würde. Vadder

Günther jedoch war begeistert, zum ersten Mal alle Familienmitglieder, inklusive Sozialarbeiter, mit nur einem Fahrzeug zur
Kirmes kutschieren zu können.

Dass die Wahl des Fahrers letztlich auf Jason fiel, der die End-
ausscheidung zum geeigneteren Fahrer mit zwei Flaschen Bier
intus knapp vor Vadder Günther mit einer halben Flasche Asbach gewann, änderte nichts an dem wilden Ritt auf Campingstühlen. Die hatte Günther nämlich noch eilig vom Balkon geholt
und auf die Ladepritsche bugsiert, damit auch alle Pröllmanns
samt Jochen stilsicher und bequem am Kirmesgelände vorfahren konnten. Die über der Ladepritsche angebrachte Plane
mit der Aufschrift »Hier fährt der Schrott« sollte die neugierigen
Blicke der Polizei abhalten, sorgte aber bei knapp fünfzig Grad
Innentemperatur an diesem kochend heißen Sommertag für das
Saunaerlebnis der ungewohnten Art. Schantall, die als Letzte zur
rummelbegeisterten Meute stieß, zeigte sich über das geplante
Fortbewegungsmittel auch direkt entsetzt und willigte erst nach
langer Diskussion ein, mitfahren zu wollen. Ein Fußmarsch zur
Kirmes in die Nachbarstadt schien ihr dann doch zu mühsam.

»Sama, wo wars du denn bis getz? Kannse nicht ma wenigstens
für den Jochen pünktlich sein, wenn wa aufe Kirmes gehen
tun?« Mutter Hildegard war sichtlich sauer, als sie nach langem
Warten in der Ladepritschensauna pitschnass geschwitzt ihre
Tochter anraunzte. Aber Schantall hatte immerhin eine weiblich nachzuvollziehende und gute Begründung. »Ich war bein
Frauenarzt Durchgucken lassen!«, erwiderte Schantall.

Es mag daran liegen, dass ich ein Mann bin, aber bis zu
diesem Zeitpunkt wusste ich gar nicht, dass es auch Frauen-
ärzte gibt, die bei jungen Frauen sogar durchgucken, statt nur
hineinzuschauen.

Die Fahrt zur Kirmes im Nachbarort dauerte trotz des
röhrenden Vergasers und der Einschränkung, nur im ersten

Gang fahren zu können, zwar bloß eine gute Viertelstunde, aber die Suche nach einem Parkplatz erwies sich als nervenaufreibendes Zeitspiel. Letztlich war es Vadder Pröllmann, der den genialen Einfall hatte, direkt auf den Kirmesplatz zu fahren, da das Fahrzeug ja schließlich seinem Kumpel Wilfried gehörte und dieser immerhin im Ponyzelt arbeitete.

Jason fuhr also unbeirrt von den Protestrufen zweier Ordner, deren Sinne durch die Abgaswolke des Kleintransporters wohl unmittelbar vernebelt wurden, direkt auf den Kirmesplatz und parkte das qualmende Fahrzeug zwischen Ponykarussell und Mandelbude. Die ohnehin schon im Delirium befindlichen Ponys im Rondell nahmen von der Luftverschmutzung direkt vor ihrer Nase zwar keine Notiz, aber die Inhaberin der Mandelbude drohte mit Anzeige und wurde erst wieder ruhiger, als sie ihre ehemalige Manteltütenchefbefüllerin Schantall zu Gesicht bekam.

»Ey, Peggy! Alles cool?« Schantall drehte die Verstimmung der Budenbesitzerin also in Zuckerwatte und schon war Ruhe im Karton.

Nachdem wir nun alle die Pritsche des Transporters mit der dunkelroten Umweltplakette verlassen hatten, nahm Pony-Wilfried das Fahrzeug dann auch direkt in Empfang, um es hinter dem Foltergefängnis für Kleinpferde etwas weniger platzeinnehmend zu parken.

»Willi, denk an die Möbel aufe Pritsche. Die nimm ich nachher wieder mit!«, gab Günther im Hinblick auf seine Balkonstühle noch zu Protokoll, bevor es nun also zum Familienausflug mit städtischem Anhang auf die rummelige Kirmes ging. Vorbei an unzähligen Schildern mit der Aufschrift »Junger Mann zum Mitreisen gesucht!« und Dutzenden durch blinkende Kaskaden verdeckte XXL-Wohnwagenparks flanierten wir ganz entspannt über die Vergnügungsmeile der Sommerkirmes. Ich stellte dabei fest, dass es auf Kirmesplätzen gewisse Fahrgeschäfte und Amüsierbuden gibt, die anscheinend auf keiner Kirmes, gleich welcher Größe, fehlen dürfen. Ob diese Amüsierbetriebe auch ein spezielles Klientel anziehen, war dabei interessant zu beobachten.

Auf keinen Fall fehlen dürfen die Autoscooter, an denen überwiegend bei bunt blinkender Beleuchtung in den Abendstunden alle, die schon fünfmal durch die Führerscheinprüfung gefallen sind, trotzdem zeigen dürfen, welch lässig-coole Autofahrer sie doch sind. Einen Arm seitlich hinter der Kopfstütze des Beifahrersitzes ruhen lassend, lenken sie ihr Vehikel dabei einhändig und möglichst cool und eng an den Kanten der Grenzbande vorbei, um den dort stehenden Teeniedamen der Marke Schantall und Co zu imponieren oder den durch die Glücksspielgeräte bereits Pleitegegangenen zu symbolisieren, dass man noch genug Kohle habe, um die Scooter laufen zu lassen. Ein idealer Ort für Jason also und ein absolutes Muss für jeden Kirmesgänger, der es gerne cool und lässig mag. Etwas lästig wirkten da nur die Fahrchipsammler des Schaustellers, die gerne mal von hinten auf die Scooter aufsprangen und einem das Gefühl vermittelten, dass man von der Bedienung dieses Gefährts keine Ahnung zu haben schien. Sie waren es auch, die einem erklärten, dass man vor der Bande parkend nicht den Rückwärtsgang suchen musste, sondern lediglich das Lenkrad drehen sollte, damit die Karre endlich rückwärts fuhr, bevor der eingeworfene Chip abgelaufen war und man die Runde ausschließlich im Stehen verbracht hatte.

Etwas weiblicher angehaucht sind auf einem guten Rummel die Fahrgeschäfte der Marke »Raupe«, die irgendwann in »Musik Express« umbenannt wurden und heute »Megaride« oder ähnlich heißen. Hier macht nicht die extrem ausgefallene kreisförmige Streckenführung das besondere Fahrgefühl aus, sondern die vom Schausteller abgedudelte Musik aus den Lautsprechern, die voll und ganz den Nerv von Schantalls und Schackelines dieser Welt trifft. Zudem ist dies ein Ort, an dem man es auf diesem rummeligen Volksfest auch mal romantisch angehen lassen kann. Die kreisrunde Streckenführung dient dabei ausschließlich zur Aktivierung der Zentrifugalkraft, die die innen sitzende Frau spätestens bei fünfzig Stundenkilometern zum danebensitzenden Kerl rutschen lässt, was ganz automatisch zu intimen Zusammenkünften führt. An diesem Punkt setzt sich dann meist das klappbare Dach der Wagen in Gang, welches im geschlossenen Zustand dazu führt, dass man sich noch näher kommen möchte, als es die Geschwindigkeit in diesem Moment erlaubt. Und wenn man beim Küssen der Platznachbarin die Zunge nicht mehr aus ihrem Gesicht bekommt, dann ist das eben reine Physik in Form der besagten Zentrifugalkraft und somit gut begründet. Eine schöne Erfindung und daher wohl ein Klassiker seit vielen Jahren Sommerkirmes.

Die ebenfalls klassische Achterbahn mit Zwölffach-Looping, Doppelüberschlag und Sechzig-Meter-Freifall ist dann wieder etwas für die ganze Familie und sollte nicht nur aufgrund des meist horrenden Fahrpreises eher zu Beginn eines jeden Kirmesbesuchs genutzt werden, wenn noch genug Kohle zur Verfügung steht. Viele sehen das allerdings anders und besteigen dieses Monsterwerk meist erst später am Tage und unmittelbar nach dem Verzehr von drei Krügen Weizenbier und einer XL-Portion fettigem Bratfisch, was spätestens im vierten Looping den unten in der Schlange wartenden Kirmesbesuchern optisch weniger anspruchsvoll vermittelt, wie voluminös doch so ein Mageninhalt sein kann. Vadder Günther konnte von solchen adrenalinfördernden Stahlbauten ebenso wenig genug bekommen wie von diversen Automatenbetrieben auf dem Kirmesgelände. Egal ob Greifarmautomat, Hau-den-Lukas oder Testosteronpumpe, die einem in steigender Intensität Strom durch den Körper schießt und deren Hebel man erst loslassen sollte, wenn der Zeiger auf »Weltmeister« zeigt. Günther kannte sich mit solchen Geräten bestens aus und so war es selbstverständlich, dass auch bei diesem Kirmesevent wieder Dutzende Talerchen in Automaten verschwanden, wobei er doch wieder feststellte, dass er eben kein stromerprobter »Weltmeister«, sondern eher eine »Lusche« war und dass die Greifarme viel zu lasch zupackten, als dass man den festgetackerten Teddy im vierundzwanzigsten Anlauf tatsächlich aus dem Automaten befördern konnte.

Mutter Hildegard bevorzugte da eher die etwas dezentere Art, auf der Kirmes das knappe Familienkapital zu verdaddeln. Losbuden hatten es ihr angetan und so war sie traditionell nicht zu bremsen, wenn mal wieder die netten älteren Herren im weißen Kittel vor ihr standen und ihr raschelnd einen orangefarbenen gammeligen Eimer mit dem Hinweis unter die Nase hielten, dass es nur heute keine Nieten gäbe. Dass Mutter Pröllmann die größte Niete bereits vor vielen Jahren geheiratet hatte, ermutigte sie dann, regelmäßig zu versuchen, den zwei Meter großen Winnipooh-Stoffbär aus chinesischer Produktion per Glückslos zu gewinnen. So dauerte es auch nicht lange, bis wir als versammelte Mannschaft an einer Losbude für Grünpflanzen ankamen und Mutter Hildegard sich sofort in den prachtvollen Ficus »ben amini« verliebte. Sie äußerte das zwar auf ihre Art (»Der Baum is geil!«), aber von da an war klar: Hier müssen Lose her.

Schantal war das gar nicht recht, denn für sie wirkte die Vorstellung, nun den ganzen Nachmittag mit einer knapp zwei Meter großen Grünpflanze über die Kirmes zu laufen, recht unattraktiv. Mutter Hildegard schlug daher vor, dass die anderen ja weitergehen und sie dann nach hoffentlich erfolgreichem Gewinn später abholen konnten.

So zogen wir also ohne Mutter Hildegard, die nun anfing, ein Los nach dem anderen zu kaufen, weiter. Lediglich 22.000 Punkte musste sie sammeln, um diese extravagante Topfpflanze ihr Eigen nennen zu dürfen. Die ersten Lose waren, wie versprochen, keine Nieten und sorgten für die ersten siebzehn Punkte in ihrer Tasche sowie die ersten fünf Euro auf dem Konto des Budenbesitzers.

Die wohl langweiligsten Schaustellerbetriebe auf so einem Rummel sind meist die Attraktionen für die ganz Kleinen. Das liegt weniger an den höher entwickelten Interessen eines Erwachsenen, sondern viel mehr daran, dass die Schausteller wohl annehmen, der Nachwuchs sei für das Thema Adrenalinausstoß auf der Kirmes noch nicht reif genug. An vorderster Front stehen dabei die Hardcore-Attraktionen Fädenziehen, Ringe über Flaschenhälse werfen und kreisrunde Fahrgeschäfte, bei denen Kinder nicht viel mehr Attraktives bewerkstelligen können, als einen Hebel zu ziehen, um einen halben Meter in die Höhe zu fliegen. Der kleine Tschastin sollte aber nicht zu kurz kommen und so war es selbstverständlich King Günther, der seinem Kleinen erklärte, wie er denn die Ringe über den Flaschenhals zu werfen hatte, damit er den kindlich hochattraktiven Hauptpreis einer ein Meter großen Ouzoflasche gewinnen konnte. Tschastin rächte sich dafür erst beim Dosenwerfen, als er das stinkende Knäuel Tennissocke statt in Richtung Dosen lieber gegen den Kopf von Pröllmanns Günther beförderte. Schantall war auch hier bemüht, die gute Mutter zu geben, und schlug vor, den Kleinen doch mal zu Wilfried zu bringen, damit er dort, natürlich kostenlos, ein paar Runden auf dem Pony zurücklegen konnte. Vadder Günther hielt das ebenso wie Jason für eine gute Idee, da er die Blessuren der harten Socke, die ihm Tschastin ins Gesicht geballert hatte, nun erst mal verdauen musste und man zusammen mit Sohn Jason und mir nun zu einer richtigen

Männerrunde reifen konnte, um die Kirmes mal ganz damenfrei unsicher machen zu können. So wurde Tschastin also auf den Rücken eines scheintoten Ponys geschnallt, welches von nun an permanent Glöckchen läutend in der Runde umherschritt. Schantall, die sich aufgrund des doch etwas strengen Geruchs der Tiere ein paar Meter weiter an die Mandelbude begeben und sich dort mit Zuckerwatte eingedeckt hatte, wartete geduldig.

Mutter Hildegard war inzwischen bei 2300 Punkten angekommen und hatte immerhin bereits die Auswahl zwischen einem Hochlandkaktus für die Fensterbank und einer leicht verblühten Primel mit Papierrosette drumherum. Vom Ficus »benjamini« noch weit entfernt, opferte sie nun weitere sieben Euro für Lose, um das traumhafte Grünzeugs endlich ihr Eigen nennen zu können.

Günther, Jason und meine mittlerweile demotivierte Wenigkeit machten sich nun also auf den Weg zu einem echten Männernachmittag auf der Kirmes. Und was gibt es für richtige Kerle da Schöneres als die klassische Boxbude, in der jeder dahergelaufene Schläger beweisen kann, dass man nach drei Bier einem rumänischen Bordelltürsteher nicht länger als eine Runde standhält. Vadder Günther war selbstverständlich vom Gegenteil überzeugt und so haderte er in intensiver Diskussion mit Sohn Jason, ob er nicht versuchen sollte, die zweihundert Euro Preisgeld zu erkämpfen.

Mutter Hildegard hatte inzwischen das Angebot des Losverkäufers angenommen, sich auf seinen Stuhl zu setzen, da der Aufenthalt ja bereits etwas länger dauerte. Als man ihr dann auch noch ein Glas kaltes Wasser reichte, war ihr Punktestand bereits bei knapp 10.200 Punkten, sodass sie nun bereits die Sphäre erlangte, die zum Gewinn eines Farns oder einer gefüllten Blumenampel aus Plastik berechtigen würde. Die Lose hatten mittlerweile einen Wert von 89 Euro erreicht, was aber vollkommen egal schien, da das Ziel Ficus-Bäumchen ja noch lange nicht erreicht war.

Der Promoter, der vor der Boxbude stand und versuchte, freiwillige Masochisten zu finden, die sich in einem fairen Kampf mal so richtig was auf die Glocke hauen lassen wollten, schien uns nun zu beobachten und kam auf uns zu, um Günther wortgewandt in die Boxbude zu quatschen. Der etwas gedrungene ältere Herr im schlecht sitzenden grauen Anzug zog alle Register der Überredungskunst, die er in sein mit einem Papiertaschentuch umspanntes Mikrofon brabbeln konnte. Die Parade an angeblichen Profiboxern, die sich nun vor der Boxbude aufreihte und die in dieser Situation eher an eine Gegenüberstellung mit einem Taschendiebstahlopfer auf einer Polizeiwache erinnerte, flößte Günther immerhin Respekt ein. Aber in leichter Umnebelung, bedingt durch seinen zuvor benutzten Flachmann mit Schnaps, sagte er dann letztlich zu und ließ sich vom charmanten Promoter mit der plattgedrückten Boxernase ins Zelt führen. Jason und ich standen nun ebenso wie die nach Sensation gierende Menschenmenge an der Kasse, um den Eintritt dafür zu bezahlen, dass wir beobachten konnten, wie der Mann, den ich als Sozialarbeiter vor falschen Entscheidungen bewahren sollte, vor klatschendem Publikum ordentlich was auf die Fresse bekam. Alles im Hinblick auf zweihundert Euro und total falsch definierte Männlichkeit. Na, wunderbar! Würde ich in diesem Moment doch lieber mit Schantall und dem kleinen Tschastin auf kummergeplagten Ponys um die Wette reiten und Mandeln essen, statt mir nun diese Schlachtparade antun zu müssen.

Hildegard war inzwischen bei 16.000 Punkten angelangt und der Besitzer der Losbude hatte sich persönlich zu ihr gestellt, um ihr offensichtlich eine Zigarette anzubieten und ganz nebenbei die immense Kohle, die Mutter Pröllmann hier durch den Schornstein blies, gleich persönlich in Empfang nehmen zu können. Der Losverkäufer hatte ihr mittlerweile das Du angeboten und erwähnte, dass sie von ihrem Ficus ja nicht mehr weit entfernt war und sie immerhin schon einen kleinen Gummibaum mit nach Hause nehmen konnte. Der Gegenwert der gekauften Lose betrug inzwischen 134 Euro.

Um es kurz zu machen. Es dauerte nach meiner kleinen Digitaluhr exakt 32 Sekunden, bevor Vadder Pröllmann zum ersten Mal eine harte Linke einstecken musste, und wenn man die zwei Sekunden Fallzeit auf die harten Ringbretter abzieht, dann war der Kampf bereits mit dem zweiten Schlag nach exakt 33 Sekunden beendet. Eine klassische Links-Rechts-Kombination, wie sie sich jede unerfahrene Boxlusche meist recht schnell einfängt, gab im wahrsten Sinne des Wortes den Ausschlag dafür, dass Günther Pröllmann Sieger dieses Kampfes wurde. Also zweiter Sieger. Direkt hinter dem rumänischen Kirmesboxer, der nun jubelnd die Arme nach oben riss und uns visuell an den Künsten seines rumänischen Dorfzahnarztes teilhaben ließ, indem er seine prachtvolle und abwechlungsreich angeordnete Aufreihung von goldenen und fehlenden Zähnen lächelnd zur Schau stellte. Verlieren ist ja schließlich das Gleiche wie Gewinnen, nur umgekehrt. Statt der zweihundert Euro Preisgeld gab es als Trostpreis eine Rolle Küchenpapier, um Vadder Pröllmanns Nasenbluten in den Griff zu bekommen. Nun war für mich, den verzweifelten Sozialarbeiter Jochen, der Moment gekommen, dem ganzen Treiben der Familie Pröllmann auf dieser Kirmes ein Ende zu setzen, da meine Aufgabe ja grundsätzlich darin bestand, menschliche Schieflagen zu verhindern oder zu beheben. Und wenn man Vadder Pröllmann beim Herausschleichen aus dem Boxzelt beobachtete, so konnte man wahrlich von einer extremen menschlichen Schieflage sprechen.

Ich versammelte also alle zum Meeting vor der Geisterbahn, um zu besprechen, wie es Günther nun gesundheitlich ging beziehungsweise wie sich alle den weiteren Kirmesnachmittag vorstellten. Jason gab unumwunden zu, dass er die von mir gepumpten fünfzig Euro seiner Mutter Hildegard für die Losbude gegeben hatte und das Thema Autoscooter nun nicht mehr in sein finanzielles Budget passte. Zudem hatte er ohnehin mehr Bock auf ein Bier im Bayernzelt und schließlich sah sein Vadder ja nicht mehr danach aus, als könnte er neben der Runde im Boxzelt noch weitere Runden auf dem Kirmesplatz drehen. Ich beschloss, die Idee mit dem Bierzelt als das kleinste Übel zu akzeptieren, und willigte ein. Zunächst mal galt es aber, die vom Losglück verzückte Mutter Hildegard endlich von ihrem Schicksal zu befreien.

An der Losbude für Grünzeugs angekommen, stand Hildegard feuchtfröhlich und bestens gelaunt mit dem Losbudenbesitzer vor der Hütte. Sie stießen gerade mit einem Glas Billigsekt an, den der neureiche Budenbesitzer im Eifer des Gefechts hatte springen lassen. Die Losverkäufer hatte er bereits vor einiger Zeit in den frühzeitigen Feierabend entlassen. Es war geschafft: Der Ficus »benjamini« war von Losbudenkalle in das Eigentum von Mutter Pröllmann übergegangen und die 197 Euro, die Mutter Pröllmann für die Lose ausgeben hatte, wanderten in die Gegenrichtung. Günther erzählte ihr von seinem Abenteuer aus der Boxbude und im Hinblick auf die verplemperte Kohle für die Lose begründete er seinen wagemutigen Auftritt auch gleich mit der Absicht, die verballerten knapp zweihundert Euro wieder refinanzieren zu wollen. Dass ihm das nicht gelungen war, erkannte Mutter Hildegard dann recht zügig, als ihr Günther den neuen Zierbaum gleich mit Nasenblut vollsaute. Mittlerweile war mir, ehrlich gesagt, auch nach einer Maß Bier zumute und so ertappte ich mich dabei, wie ich nun die Initiative ergriff, um die Pröllmanns endlich in das Bierzelt und auf eine Bank an einen Tisch zu bekommen, damit weiteres Unheil von der Familie ferngehalten werden konnte.

»Mega! Jochen gibt einen aus!«, schlussfolgerte Jason dann allerdings etwas verfrüht. In Anbetracht der Dinge war mir das nun aber auch egal, sodass ich der selbst ausgesprochenen Einladung von Jason zustimmte und wir uns zunächst auf den Weg zu Schantall und Tschastin machten.

Schantall stand immer noch paffend an der Mandelbude von Exkollegin Peggy und qualmte die Bratäpfel zu Nikotinbällchen am Stiel. Der kleine Tschastin drehte auf dem altersschwachen Pony »Gisela« mittlerweile seine vierundsechzigste Runde und schien der Situation auch nichts Schönes mehr abgewinnen zu können, zumal Günthers Kumpel Wilfried bereits das Weite gesucht hatte und die Ponys nun mehr oder weniger unbeaufsichtigt durch die Manege schlurften.

»Boah Mama, ey, muss du echt dat kack Grünzeug gewinnen? Wer soll dat denn schleppen?« Schantall begrüßte ihre Mutter sehr herzlich und auch die blutende Nase von Boahpapa Günther beflügelte sie zu keinem charmanteren Kommentar.

»Dat is auch langsam Zeit. Tschastin hat sich vorhin auf dat Pony gekotzt. Den is schlecht. Tun wa getz weitergehen?«

Ich gab zu bedenken, ob es in Anbetracht der Tatsache, dass sich Tschastin wegen der Mischung aus 64 Runden Ponyreiten und dreimal Automatensofteis nicht so gut fühlte, nicht besser wäre, den Marsch ins verrauchte Bierzelt zu canceln und stattdessen lieber den Pritschenbully für die Rückfahrt zu besteigen. Vadder Pröllmann willigte ein und sicherte Sohn Jason mit erneut blutender Nase zu, dass er zu Hause von seinem leckeren Pfirsichbrand kosten dürfte.

Schantall schaltete sich unmittelbar ins Gespräch ein und erklärte, dass nix mit Pritschenbully sei, da Wilfried sich mit dem Wagen vorhin vom Acker gemacht hatte, um seine Hose zu wechseln, die Tschastin zusätzlich zum Pony vollgereihert hatte.

»Der hat unsere Balkonstühle da anne Dixies gestellt. Schönen Gruß. Dat Auto krisse auch nich nochma. Jason hat aufn Vordersitz 'n Kaugummi draufgesaut.« Schantall war genauso wie der Rest der Familie wenig begeistert davon, die Heimreise nicht auf besagtem Fahrzeug antreten zu können, sondern per pedes.

Der Busfahrer an der Haltestelle direkt am Kirmesgelände teilte zudem wie erwartet mit, dass es sich um den Personennahverkehr und nicht um ein Umzugsunternehmen handelte und er nur Menschen und keine Grünpflanzen oder Balkonmöbel transportieren würde. Ehrlich gesagt, störte es mich nicht so sehr, da ich einen acht Kilometer langen Fußmarsch immer noch als angenehmer empfand als die Stuntshow der Hinfahrt auf der Pritsche des Schrotttransporters.

Dass Mutter Pröllmann ihren großen Wohnzimmerbaum aufgrund des hohen Gewichts nicht mehr allein tragen konnte und dafür Enkel Tschastin auf den Arm nahm, sorgte dafür, dass Jason das Ungetüm aus Blättern und Zweigen schleppen musste, während ich die komplette Balkonmöbelgarnitur der Pröllmanns schulterte. Schantall fühlte sich dieser Aufgabe als zierliche Frau nicht gewachsen, zumal eine junge Dame wie sie es als etwas uncool empfand, mit 25 Jahre alten Klappstühlen unterm Arm über die Kirmes zu laufen. Vadder Günther hatte auch nur eine Hand frei, da die Nase immer noch blutete wie Sau. So spazierten wir also mit drei Campingstühlen, einem großen Wohnzimmerbaum und einem plärrenden Tschastin entlang der Hauptstraße in Richtung Heimat. Kurze Verschnaufpausen luden dazu ein, das mitgeschleppte Interieur auf der Verkehrsinsel aufzubauen und ein behagliches Gefühl der Wohnlichkeit zu erzeugen, während erstaunte Autofahrer an uns vorbeifuhren, den Finger an die Stirn tippten und den

Kopf schüttelten. In diesem Moment und auch während der drei Stunden Fußmarsch danach kam dann wieder dieses Gefühl in mir hoch, das mich bei meinen Aufenthalten im Kosmos der Pröllmanns immer mal wieder ereilte: Ich übe den wohl schönsten Job aus, der auf diesem Planeten zu finden ist.

Aber wenn mal ein anderer Planet entdeckt wird ...

WAS HÄNGEN BLIEB:

Einem geschenkten Gaul schaut man ja bekanntlich nicht ins Maul. Diese dem Volksmund entsprungene Weisheit mag ja bei einem nicht erwünschten Geschenk immer noch zutreffen. Wenn ich aber gewusst hätte, dass es sich bei dem geschenkten Gaul sinnbildlich um ein vollgekotztes Pony auf der Kirmes handeln würde, so hätte ich diesen Hochsommernachmittag wohl abgesagt und dies mit einer akuten Erkältung begründet. Eine Erkältung, wie sie mich befiel, nachdem wir nach stundenlangem Marsch samt Balkonstühlen durch ein anhaltendes Sommergewitter alle wieder in unseren häuslichen Gefilden angekommen waren. Es stellte sich mir ohnehin die Frage, welche Verbindung die Pröllmanns zum Thema Schenken, dem damit verbundenen Geldausgeben und dem Willen hatten, einem Menschen als Dankeschön mal etwas Gutes tun zu wollen. Vorab: Alles bei den Pröllmanns scheint von Herzen zu kommen, auch wenn dieses an diesem beschaulichen Donnerstag aus Lebkuchen war und von mir leicht durchgeweicht vom Regen am Halse nach Hause getragen wurde. Der aufglasierte Schriftzug »Glückspilz« hatte da schon etwas leicht Ironisches.

Man sollte allerdings bei Dingen, die von Herzen kommen und als nettes Dankeschön angepriesen werden, trotzdem genauer hinsehen. Eine Freundin von mir ist da mal ganz böse auf die Nase gefallen, als ihr Partner ihr ein »Hummer-Wochenende mit Allround-Pflegeprogramm« schenkte und sie sich nicht in einem kulinarischen Wochenendurlaub mit gutem Essen und Wellnesshotel, sondern auf dem Jahrestreffen der Freunde amerikanischer Geländewagen wiederfand, auf dem alle Jungs liebevoll ihre Autos schrubbten.

In meinem Fall waren die Voraussetzungen aber recht eindeutig und klar. Es ging um die alljährlich stattfindende Sommerkirmes und darum, dort einen schönen Nachmittag zu verbringen. Eine Ansage also, die eigentlich keine Missverständnisse und ungewöhnlichen Situationen vorsah. Wie ich dabei aber feststellen musste, neigen Familien wie die Pröllmanns gerne mal dazu, dort richtig viel Geld für teilweise unwichtige Dinge auszugeben. Ähnlich wie an hohen Feiertagen wie Silvester fragt man sich dann doch, warum für Glücksspielautomaten, Losbuden oder eben Knaller und Feuerwerksraketen Unsummen an kostbarem und nicht in großer Fülle vorhandenem Geld ausgegeben werden, während Sohn Jason sich nicht einmal das neunzig Euro teure lilafarbene Auswärtstrikot von Schalke leisten konnte, was in seinen Augen natürlich ebenso lebensnotwendig war wie die dazugehörige Trainingsjacke, die Sporttasche und der Toaster, der das Vereinsemblem auf das Brot brannte. Prioritäten werden verschoben, sodass das Thema Amüsement eben auch Beschäftigungen mit einschließt, die der Normalbürger vielleicht nicht mehr unter Freizeitspaß, sondern unter Nepp oder Geldverschwendung abspeichert.

Andererseits spielen auch Tausende Menschen aller Gesellschaftsschichten Lotto, obwohl auch hier die Gewinnchancen ebenso groß sind wie beim Wunsch, eine prachtvolle Grünpflanze mit dem Kauf nur eines Loses zu erstehen. Die leider oft finanzarme soziale Unterschicht möchte aber dazugehören und sich ebenso wie der gesunde Mittelstand und die vor Geld strotzende Oberschicht amüsieren. Das ist nicht verwerflich, solange es im entsprechenden Rahmen der Möglichkeiten geschieht. Dass das mitunter fatale Folgen hat, da hier oft Maßstäbe und Zielsetzungen nicht eingehalten werden und das Ergebnis der Ratenkredit für jedes popelige, aber dringend benötigte Haushalts- und Elektrogerät ist, steht dabei leider für viele auf einem anderen Blatt. Die Frage bei einem fünfhundert Euro teuren Smartphone ist ja nicht, wer es sich leisten kann und wer nicht, beziehungsweise wer heutzutage eines besitzt und wer nicht, sondern eher, wer wie lange im Anschluss an den Kauf des Gerätes dafür arbeiten muss oder müsste, bis es abbezahlt ist. Der finanziell gut gerüstete Unternehmersohn Cedrik zahlt wahrscheinlich schmerzfrei in bar. Der mittelständische Sozialarbeiter Jochen zahlt es in Absprache mit seiner Familie und einem gewissen Sparaufwand nach drei Monaten etwas schmerzvoller per EC-Karte und der sozial schiefliegende Prollsohn schickt für den Ratenkredit die Schwester vor, die bei der Schufa noch keine Ehrenmitgliedschaft in Gold hat. Alle drei telefonieren aber bereits am nächsten Tag mit dieser neuen Anschaffung und fühlen sich gut dabei.

Somit hätte mir bereits zu Beginn des Kirmesausfluges klar sein müssen, dass, wenn es auf dem Rummel keine Möglichkeit der Ratenzahlung gab und bereits knapp zweihundert Euro für den Loskauf eingeplant waren, ich die Sause mitfinanzieren würde. Im Prinzip gibt es zwei Arten des Geldausgebens zum Zwecke der Unterhaltung bei Familien wie den Pröllmanns. Da sind zum einen die Anschaffungen, die in ihren Augen notwendig sind, und zum anderen die Ausgaben, die unter dem Label »wir gönnen uns mal was« verbucht werden. Bei der Sommerkirmes, der Dauerkarte für die Nordkurve, dem Abo fürs Fitnessstudio und den großzügigen Kneipenrunden von Vadder Günther handelte es sich um die notwendigen Ausgaben. Ebenso wurde der familieninterne Konsum von Zigaretten und Alkohol eher als medizinisch notwendig für das Wohlbefinden des Geistes aufgefasst als als teurer Konsumgenuss. Somit waren auch diese Ausgaben im Hause Pröllmann notwendige Investitionen ins tägliche Unterhaltungsprogramm. In die Kategorie »wir gönnen uns mal was als Familie« fielen dann eher die Bratwurst im Brötchen auf dem Sommerfest im Freizeitpark und die Butterstullentasche für den Kindergartenbesuch des kleinen Tschastin.

Würde man nun die beiden Interpretationsarten einmal umkehren, woran ich als Sozialarbeiter seit geraumer Zeit verzweifelt arbeite, so ergäbe das eine Konstellation, die im Pröllmann'schen Universum für viel Durcheinander sorgen würde. Die Alltagswelt der Pröllmanns sähe dann wohl so aus, dass Vadder Pröllmann für braves Benehmen einmal im Monat eine von Mutter Hildegard selbst befüllte Elektrozigarette in einem Edelholzkästchen mit Schleife verziert geschenkt bekäme. Die Zigarette dürfte er ganz alleine rauchen und wenn er mochte, auch auf mehrere Tage genussvoll verteilen. Der Flachmann, der derzeit ein ständiger Begleiter von Günther Pröllmann ist, würde ausgeschüttet und stattdessen mit zauberhaft duftendem Senioren-Parfüm gefüllt werden. Dies würde das Geburtstagsgeschenk, also etwas ganz Besonderes, darstellen. Das Handy müsste bei eBay vertickt werden, damit Enkel Tschastin den für Kleinkinder geeigneten Lerncomputer bekäme, und die eingesparte Zeit in der Kneipe könnte Pröllmanns Günther ab sofort dafür nutzen, um mit seinem Enkel in den Zoo zu gehen und ihm das Paarungsverhalten der Makaken zu erläutern.

Somit würden ab sofort unter das Label »Wir gönnen uns mal was« die bereits erwähnten Ausgaben für die Kirmes, den Fußballverein und das Fitnessstudio fallen, sodass selbst Mutter Hildegard beim maßvollen Konsum von Nieten kein schlechtes Gewissen mehr haben müsste. Freizeitgenuss wäre trotzdem auf seiner höchsten Ebene möglich und dann auch für den Familienklan der Pröllmanns finanziell absolut stemmbar.

Falls auch Sie sich persönlich häufig bei einer Form des Freizeitgenusses beobachten, die eher dem sinnfreien Geldvernichten zugerechnet werden kann als der sinnvollen Investition in unterhaltende Spaßaktivitäten, so möchte ich Ihnen nicht ins Gewissen reden, dieses zu ändern. Jeder ist seines Glückes Schmied und soll sein Geld so verbrennen, wie er es für richtig hält. Es ist allerdings häufig vorteilhaft, eine Floskel zur Verfügung zu haben, die dem ewig nörgelnden Suchtmittelvermieser wie mir zeigt, warum man diverse Tätigkeiten nicht aus seinem Konsumverhalten streichen möchte.

PLATZ 5: DEIN PAY-TV-ABO KOSTET EIN VERMÖGEN!

Offizielle Begründung: Die digitale Fernsehlandschaft bietet einfach zu wenig Sender und somit zu wenig Möglichkeiten, sich über das politische und soziale Weltgeschehen zu informieren. Wichtige Spartensender wie Erotikportale, die anatomisches Grundwissen vermitteln, existieren in der frei empfangbaren TV-Landschaft gar nicht, sodass ein Hinzubuchen von 568 zusätzlich bereitgestellten TV-Sendern wie Angler TV und Briefmarken Channel zur TV-Grundversorgung gehören und notwendig sind.

»Günni, wo läuft heute dat Länderspiel?«

PLATZ 4: DU KAUFST ZU VIELE KLAMOTTEN!

Offizielle Begründung: Zum Schutz vor belastenden Umwelteinflüssen wie Eiszeiten oder globaler Erwärmung ist eine künstliche Körperhülle in Form von Krokodillederstiefeln oder Spaghettiträgerkleidchen unablässlich, um den weltweit wachsenden Einflüssen von Naturextremen standhalten zu können.

»Günni, hasse den Jogginganzug neu?«

PLATZ 3: DU FEIERST ZU VIEL!

Offizielle Begründung: Die sogenannte Tanzmedizin ist eine Form der Sportmedizin, die kardiovaskuläre Probleme lindert. Eine spontan anberaumte Partyorgie mit intensiven Hüftbewegungen, gleich welcher Art, dient also ebenso wie das kraftvolle Stemmen eines Bierhumpens diversen Muskelgruppen und fördert so das gesundheitliche Wohlbefinden.

»Günni, mach uns noch mal den Elvis!«

PLATZ 2: DU SÄUFST ZU VIEL!

Offizielle Begründung: Schnaps zu klauen, um die Flaschen dann zu verkaufen und den Erlös zu versaufen, ist nicht der richtige Weg.

Die Lagerung von Bier im Kühlschrank ist ebenso falsch, da bereits zwei Kästen Gerstensaft 0,32 Kilowattstunden Strom pro Tag verbrauchen können, was die Umwelt belastet. Bei 100.000.000 verkauften Hektolitern Bier in Deutschland pro Jahr wäre das eine unzumutbare Größe, die man nur vermeiden kann, indem das warme Zeug direkt an der nächsten Trinkhalle weggesoffen wird.

»Günni, komm, wir trinken noch 'n Herrengedeck.«

PLATZ 1: DU RAUCHST ZU VIEL!

Offizielle Begründung: Durch Arbeitsunfähigkeitstage von Rauchern entsteht in Deutschland ein jährlicher Gesamtschaden in Höhe von gut und gerne zwölf Milliarden Euro.

Nur durch den intensiven Genuss von Tabakwaren kann diesem Kostenpunkt durch Zahlung der Tabaksteuer entgegengewirkt werden. Ein einfaches Rechenexempel zum Allgemeinwohl.

»Günni, has ma Feuer?«

8. KAPITEL

SPIEGLEIN, SPIEGLEIN AN DER WAND

Schönheit liegt im Auge des Betrachters.« Diese alte Redewendung ist im Laufe der noch überschaubaren Anzahl an Lebensjahren auch an der jungen Schantall Pröllmann nicht vorübergezogen. Dass dabei die Rollen der Schönen und des Betrachtenden von Anfang an klar definiert sein mussten, war Schantall aber ebenso wichtig: sie, die Schöne, und eine möglichst große Anzahl an Betrachtern.

Diese Grundeinstellung, die viele pubertierende und heranwachsende junge Frauen in Deutschland mit ihr teilen, führt meist unmittelbar zur nächsten alten Redewendung: »Wer schön sein will, muss leiden.«

Selbst Schantall, die in ihrem Alltag den Begriffen »Anstrengung« und »körperliche Belastung« aus dem Weg ging und für die das Wort »Enthusiasmus« eher was mit einem grippalen Infekt zu tun hatte, war klar, dass sie sich dem nötigen Leiden nicht entziehen konnte, falls sie dazugehören wollte. Wenn Schönheit nun bei jungen Frauen einen gewissen Willen zum Leiden voraussetzt, so fragt man sich ja, ob sich hässliche Frauen mehr schinden müssen, während andere, mit ein wenig Grundcharisma ausgestattete, das Thema etwas entspannter angehen können.

Schantall jedenfalls zog trotz ihrer jungen Jahre und einer gewissen weiblichen Grundausstattung in Schönheitsfragen alle Register, um ihr Antlitz von der derzeitigen Bundesliga in die Champions League zu katapultieren. Der Leidensdruck, dem sich junge Frauen zur Steigerung der vorhandenen oder eben nicht vorhandenen Schönheit aussetzen, ist meiner Meinung nach bei allen Frauen, gleich welchen Schönheitslevels, gleich. Während reifere Damen wohl eher zur Schadensbegrenzung in die Abteilung Spachtelmasse und Fettabsaugung flüchten, sind bei jungen Frauen wie Schantall mehr die Themen Optimierung und Erweiterung der vorhandenen Substanz interessant. Schantall war der Meinung, dass neben der mehrstündigen Aufenthalte zur Gesichtsbemalung morgens im Bad lediglich die Faktoren Sonnenbank, Nageldesign, Friseur und selbstverständlich Fitnessstudio zur Optimierung der Schönheit notwendig seien.

Eine Präsenz im öffentlichen Bereich ohne diese Kombination an Faktoren ließ Schantall sich nackt vorkommen und gab ihr das Gefühl, kein für die Außenwelt interessantes Wesen zu sein. Das galt übrigens für jede noch so banale Alltagssituation, in der wohl nicht viele auf die Idee kämen, sich top-geschminkt zu präsentieren. Also zum Beispiel beim Zigarettenholen oder auf dem Weg zum Briefkasten im Erdgeschoss.

Die Top Drei der fragwürdigsten Orte für die Anwesenheit einer perfekt geschminkten und gestylten Frau sind meiner Meinung nach aber Sauna, Schwimmbad und das RTL-Dschungelcamp, wobei beim Letzteren die Zuschauer dem Ganzen dann wenigstens etwas Schönes abgewinnen könnten. Besonders toll anzusehen ist es aber meist im Schwimmbad, wenn Frau Baronin von und zu Gummihaube mit dicker Bepuderung im Gesicht, stark leuchtendem Lippenstift und vernebelnder Parfümwolke im Schlepptau regelmäßig, also einmal im Jahr, ihre Bahnen im Stadtbad zieht und man sich als sportbegeisterter Schwimmer fragt, was da gerade quer zur Schwimmrichtung an einem vorbeitreibt. Eine gebatikte Schwimmboje? Treibgut eines Popartkünstlers? Ausgestattet mit hellgrüner Badehaube, beklebt mit rosa Gummiblumen und der Schwimmgeschwindigkeit von 0,0078 Stundenkilometern, erinnern diese Damen dann doch mehr an eine duftende bunte Orchidee, die von einem Felshang ins Meer gefallen ist und nun ziellos durch den Ozean treibt.

Schantall hielt indes nicht allzu viel vom Schwimmen, da für sie die Kombination aus Wasser, kalter Schwimmhalle und fitnessbegeisterten Rentnern nicht so richtig zusammenging und sie sich mehr für die Kombination kein Wasser, keine kalte Schwimmhalle und fitnessbegeisterte attraktive junge Kerle begeistern konnte. Was lag also näher, als sich bereits vor einigen Jahren im örtlichen Fitnessstudio der Heimatstadt anzumelden, um sich dort perfekt gestylt und von zahlreichen Leidensgenossinnen umgeben dem Druck der schönheitsorientierten Generation 2012 stellen zu können.

Es waren einige Tage nach Schantalls glorreichem Auftritt als Karnevalsteufelchen vergangen. Der von Freundin Cheyenne erworbene Bierdeckel mit der Telefonnummer von Traumtyp Cedrik sollte nun als Schlüssel dienen, um das angeschossene Männertier zu erlegen und abtransportieren zu können. Da Cedrik zwar gelegentlich als Fitnesstrainer jobbte, dies aber in einem anderen Studio der Stadt, zog das den Umstand nach sich, dass Schantall sich zur weiteren Paarungsbereitschaft zum Probetraining im Gym Bean einfinden musste, dem Fitnessstudio, in dem Cedrik gelegentlich anzutreffen war. Um nicht wie zufällig dort aufzutauchen und das Männertier hormonell somit nicht gleich zu überfordern, wollte Schantall das Erlegen der Beute vorbereiten, indem sie es einfach mal vorher mit einem blöden Vorwand per Telefon kontaktierte.

»Sa ma Papa, wo is mein Bierdeckel? Den hatte ich ja wohl extra hier aufn Küchentisch gelegt.« Der raunzenden Schantall gelang es trotz eifriger Suche nicht, den mit der Telefonnummer von Cedrik verzierten Bierdeckel zu finden. »Boah Papa! Ey, hasse den verschlampt?«

»Die Mama hat Zirkus gemacht wegen die Brandflecken von den heißen Raviolipott letzte Woche. Getz tu ich wat drunterpacken aufn Tisch, dann is auch nich richtig!« Günther gab sich alle (rhetorische) Mühe, seiner suchenden Tochter die richtige Ausrede zu präsentieren, warum er im Versöhnungssuff mit Saufpartner Pony-Wilfried letzten Samstag den Bierdeckel zusammen mit 150 anderen Exemplaren einzeln vom Balkon geschnippt hatte.

Das Ergebnis blieb leider das gleiche. Der Bierdeckel war Teil des müllverschmutzten Spielplatzes unterhalb des Pröllmann'schen Balkons geworden und Schantall würde sich ohne telefonische Kontaktmöglichkeit in das Abenteuer Fitnessstudio und Cedrik stürzen müssen.

Mehr als bedient von dieser Tatsache, schmiss sie nun die Badezimmertür von innen so heftig ins Schloss, dass sich auch das letzte noch funktionierende Türscharnier der Pröllmann'schen Wohnung ins Nirwana verabschiedete. Schantall stand wutentbrannt über Boahpapa Günther vor dem Spiegel, und die arme furnierbespannte Röhrenspankernkonstruktion hatte den Preis für eine weitere Folge »Spaß beim Suff« bezahlt.

Zur Milderung der angestauten Wut und dem daraus resultierenden knallroten Gesicht Schantalls war nun eine optische Instandsetzung vonnöten, die die Metamorphose vom wütenden Rumpelstilzchen zur zauberhaften Königstochter zum Ziel hatte. Instrumente und Arbeitsmaterialien, um diese Metamorphose praktizieren zu können, lagen bei Pröllmanns im ganzen Badezimmer verstreut.

Während Bruder Jason seine Stylingutensilien Zahnbürste, Haarbürste und 3-Liter-Großpackung Haargel noch recht bescheiden im Holzschrank unter dem Waschbecken positionieren konnte und Mutter Hildegard die vollautomatische Trockenhaube für ihre Haarpracht unterm Bett verstaut hatte, konnte sich Schantall in Sachen Stylingaccessoires voll und ganz im überschaubaren Badezimmer der Pröllmanns breitmachen. Selbst nicht auf den ersten Blick erkennbare Möglichkeiten der Positionierung diverser Artikel wurden voll und ganz ausgeschöpft, sodass die Stange für den Duschvorhang auch als Kleiderstange fungierte und die 25 Sorten Shampoo und Conditioner auf dem Gasboiler über der Badewanne Platz fanden, was regelmäßig zu mollig warmen und etwas dünnflüssigen Haarseifensubstanzen führte. Dabei hatte Schantall nur das Nötigste in Sachen Haarpflege beisammen, sodass niemand behaupten konnte, dass überflüssige Tuben, Flaschen oder Flakons das Badezimmer zustellten.

Lediglich die dringend benötigten Shampoosorten
für trockenes Haar,
für fettiges Haar,
für gefärbtes Haar,
für gesträhntes Haar,
für strapaziertes Haar,
für gelocktes Haar,
für langes Haar,
für schuppiges Haar
und für sonnengeschädigtes Haar waren hier zu finden.

Hinzu kamen noch diverse Sorten Kindershampoo für den kleinen Tschastin, die nicht in den Augen brannten, nicht giftig waren, keine Chemie, Duftstoffe und Farbstoffe enthielten und die Haare wohl auch nicht wirklich säuberten, deren Flaschen im Entendesign in der Drogerie aber einfach zu putzig aussahen.

Somit benutzte Schantall für die tägliche Pflege ihrer verlängerten Haarpracht lediglich das Nötigste an Haarpflegemitteln, was gleichermaßen für die Bereiche Lippenstifte und Make-up galt.

Nach gut zweieinhalb Stunden war dann auch der letzte Rauch der Wut gegen Boahpapa Günther verflogen und das hässliche Entlein Schantall entfleuchte dem Pröllmann'schen Badezimmer wie ein güldener Engel bereit zum Abflug. Dass die Reise nicht in die Oper oder zu einem abendlichen Ball ging, sondern die ganze Prozedur lediglich dem Besuch eines Fitnessstudios galt, war für Schantall nebensächlich, da ja in diesem speziellen Fall nicht die formgebende Verschönerung des Muskelumfangs im Vordergrund stand, sondern der zu formende Beziehungsumfang mit Big-Gym Cedrik.

Die Auswahl der infrage kommenden Kleidungsstücke war im Kleiderschrankuniversum der Schantall schnell erledigt, da ja für den Ort des Geschehens lediglich Sportbekleidung vonnöten war, die eigentlich immer bescheiden und nach Couchnachmittag am Sonntag aussieht, ganz gleich wie weiblich man sich dabei anzieht. Während die guten alten eng anliegenden Leggins nicht totzubekommen sind und auch das ärmelfreie Sporttop irgendwie immer da gewesen ist, haben im Sportbereich lediglich die Accessoires gewechselt.

War man vor gut 25 Jahren noch davon überzeugt, dass Schweißbänder an Stirn und Armgelenken das Sporthandtuch ersetzen würden oder man auf diese Weise vortäuschen konnte zu schwitzen, obwohl man im Prinzip gar kein Handtuch benötigte, sind es heutzutage eher die baumelnden Kopfhörerkabel der winzig kleinen MP3-Player, die zur Verzierung einer sportbesessenen Laufbandakrobatin beitragen. Ebenso wie das angeblich energiespendende Hologrammarmband aus der Esoterikabteilung und das Smartphone mit Pulsfrequenz-App.

Die Zeiten haben sich geändert. Schantall wählte für diesen entscheidenden Tag also die weißen Leggins, die sie aussehen ließen wie das Begrüßungsgeschenk einer neu eröffneten Weißwurstfabrik in Niederbayern. Hauteng angepasst wie Schweinedarmpelle. Weiß wie Schnee und mit topmodisch so verkürzten Beinenden, dass man auch viel braun gebrannten Unterschenkel erkennen konnte. Die knappen Leggins sollten für ein Mannstier wie Cedrik ebenso ausreichen wie das enge Oberteil darüber.

Für die Ankunft am Counter des Fitnessstudios wählte Schantall dann eine für ihre Verhältnisse wesentlich dezentere Kleidungsvariante, um aufzufallen, die aus einer Mixtur aus hoch, spitz, knapp und kurz bestand. Schantall jedenfalls fühlte sich auf diese Weise perfekt gerüstet für ein Treffen mit Cedrik. Sowohl in Straßen- als auch in Sportbekleidung.

»Sind se jesund?«, fragte die bezaubernde Mitarbeiterin am Empfangsschalter des Studios und meinte damit eigentlich nur, ob Schantall für das Probetraining irgendwelche gravierenden gesundheitlichen Beschwerden anmelden wollte. Nachdem Schantall nun sowohl bei der Gesundheitsfrage als auch bei den Hinweisen auf nicht vorhandene Gewährleistung bei Falschbenutzung der Fitnessgeräte ein Kreuzchen der Kenntnisnahme gesetzt hatte, stellte sich die junge Mitarbeiterin des Thekenbereichs noch kurz vor. »Ick heiß Kiara!«, gab die junge Dame zu Protokoll.

»Auf den Schildchen da anne Brust steht aber Chiara!«, erwähnte Schantall als Mischung aus Besserwisserei und quälender Neugier.

»Na, det wird Kiara ausjesprochen, nich Schiara. Det heßt ja och Kina und nisch Schina«, gab die junge Frau mit Berliner Akzent fesch, aber fragwürdig zurück.

»Is dat wegen deinen Slang von Berlin?«

»Ne, dat is wegen meine Mutter. Die hat mich Chiara mit ›K‹ gerufen.«

Schantall fühlte sich an dieser Stelle ein wenig überfordert und zugleich ein bisschen auf den Arm genommen, da ihr das vorlaute Geplapper der jungen durchtätowierten Berliner Göre nicht ganz behagte. Es machte ohnehin einen sonderbaren Eindruck, dass in einem Fitnessstudio ausgerechnet eine recht rundliche und extrem unsportlich anmutende Frau den Empfangsbereich leitete. Das war ja wie ein Friseur mit Glatze oder ein Augenarzt, der schielte.

»So, hier hasse den Spindschlüssel. Und dann kann ick dir den Cedrik oder den Bruno heute als Coach am Herzchen legen. Die sind beede für die Greenhorns zuständig.«

Greenhorns? Das einzige Hörnchen, das Schantall jetzt endgültig wuchs, galt der unverschämt vorlauten Berliner Schnauze und war sicher nicht grün. Nachdem sich Schantall nun planmäßig für Cedrik als Chefeinweiser entschieden hatte und ihr der dicke Berliner Bär endlich den Spindschlüssel überlassen hatte, konnte Schantall den Wandel vom Straßenvamp zur engelsgleichen Fitnessprinzessin vollziehen und sich nach erneuter Korrektur ihres Lidstrichs und der perfekten Neumodellage ihrer Haarlandschaft in die Folterkammer der Fitnessgeräte begeben.

Cedrik war nicht wenig überrascht, als er ohne Vorwarnung die nach dem Karnevalsdesaster komplett restaurierte Schantall plötzlich vor sich sah. Seine großen Augen und sein verschmitztes Grinsen ließen aber erahnen, dass er diese engelsgleiche Fitnessqueen à la Jane Fonda der späten Siebzigerjahre keineswegs widerwillig in die Welt der Fitnessgeräte hier im Gym Bean einführen würde. »Ja, cool, dasse hier bist! Bisse denn wieder gesund?«, versuchte Cedrik den Small Talk charmant zu starten, um dann dem Weibchen seinen Arbeitsplatz zu zeigen.

Irgendwie ging Schantall die Frage nach ihrer Gesundheit langsam auf den Zeiger, da sie bisher ja schließlich regelmäßig zum Fitness ging, man das hoffentlich auch sah und die Beulen vom Karnevalsunfall schon längst verheilt waren.

»Ja, ja, is alles bestens«, gab Schantall leicht genervt, aber dennoch zielorientiert zurück. »Hast ja voll den coolen Job hier, wa? Is doch cooler, wie als DJ zu arbeiten, oder?«

Schantall heuchelte großes Interesse an Cedriks Job, aber im Prinzip war es ihr egal, ob er nun als Fitnesstrainer, Pornoproduzent oder Schankwirt arbeitete. Wichtig war, dass Cedrik cool aussah, irgendwie total süüüüß rüberkam und, ach ja, die Sache mit dem reichen Papi war auch nicht so ganz nebensächlich.

Das Fitnessstudio Gym Bean gehörte einer Kette an und unterschied sich nicht großartig vom Fitnessstudio, in dem Schantall bisher ihre Folterübungen praktiziert hatte. Das galt sowohl für den Mitgliedsbeitrag als auch für die Innenausstattung und das Publikum. Es scheint wohl ohnehin nur zwei charakteristische Sorten von Fitnessstudios, die jeweils einen bestimmten Menschenschlag an die Geräte locken, zu geben. Zum einen sind da wohl die etwas konservativ anmutenden Lokalitäten, die vom Publikum her eher die Dame in den Wechseljahren oder den von Bandscheibenschmerzen geplagten Sesselmuffer zur Beeinflussung des schlechten Gewissens anlocken. Hier zählen Qualität, persönliche Betreuung und ein recht üppiger Mitgliedsbeitrag, der Exklusivität verspricht. Hier hört man weder die aktuellen Musikcharts noch sonstige Discobeats, die einen animieren sollen, die Laufgeschwindigkeit auf dem Band den Bassschlägen der Musik anzupassen. Der hier anzutreffende Fitnessmasochist bevorzugt eher die musikalischen Gefilde jazziger Loungemusik und ist zur Mitgliedschaft in diesem Studio auf Anraten seines Haus- und Hoforthopäden mehr oder weniger gezwungen worden. Aber da nicht alles, was der Arzt des Vertrauens einem ans Herz legen möchte, ein Bypass ist, sollte man diesbezüglich auch mal auf seinen Doktor hören. Geschultes Fachpersonal, vom Sportmediziner bis zum Physiotherapeuten, ist in diesen Etablissements prinzipiell anwesend.

Die andere Seite der olympischen Goldmedaille bilden die Fitnessstudios in Deutschland, in die man sich nicht begibt, weil man körperlich schon kurz vor dem Exitus steht oder die Krankenkasse einem die Pistole auf die verkümmerten Brustmuskeln gesetzt hat, sondern in denen man das bereits vorhandene Muskelgut pflegt und gedeihen lässt. Hier zählt weniger der gesundheitliche Aspekt als vielmehr der Wille und latente gesellschaftliche Zwang, gut aussehen zu wollen und zu müssen, sowie der Wunsch, sich in jungen Jahren für den alltäglichen Einsatz auf der Tanzfläche und an anderen physisch anspruchsvollen Orten fit zu halten.

Da, wo die Natur dem Pfau ein hübsches Federkleid und dem Silberrückengorilla eine Grundausstattung an Muskelmasse geschenkt hat, muss der Mensch halt nachhelfen, um sich gegenüber den Weibchen im Alltagsdickicht behaupten und sich beruflich von Ast zu Ast schwingen zu können. Daher ist es wohl kaum erstaunlich, dass diese zweite Sorte fitnessfördernder Örtlichkeiten auch eher das junge Publikum, häufig der Marke Schantall, anzieht, das, wie bereits beim Thema Shopping erwähnt, eine Tätigkeit lieber mit Discobeats-Untermalung ausübt. Dass sich hier mitunter auch aufgrund der überschaubaren Mitgliedsbeiträge eine illustre Schar junger Menschen zusammenfindet, scheint nahezuliegen. »Hip« und »modern« sind eben auch hier die Schlagworte, sodass man bei Bedarf auch mal nachts um 3.30 Uhr auf die spontane Idee kommen kann, sich anzuziehen und ins Fitnessstudio zu fahren, um dort zwölf

Kilometer auf dem Laufband zurückzulegen. Dem 24-Stunden-Service sei Dank. Dass zu dieser Zeit das Studio aber nicht so gut gefüllt ist, ist ebenso klar, und so bevorzugen die Männchen und Weibchen, die auch zeigen wollen, was sie an Fitness und Körperkultur bereits erarbeitet haben, eher die Zeit tagsüber. Das gilt für den Profistemmer mit Unterarmen, die unsereins nicht mal als Oberschenkel besitzen wird, wie auch für die schantallsche Twentussi, die sich gerne dabei beobachten lässt, wie sie möglichst elegant die Pobacken auf dem Stepper umherkreisen lässt. Im Prinzip läuft also alles in etwa so ab wie in einer Disco am Abend, nur ohne Alkohol und Schummerlicht.

Schantall war mit Cedrik inzwischen bei den Laufbändern angelangt. Nachdem er ihr mit Unterstützung seiner zupackenden kräftigen Arme erläutert hatte, wie sehr die Hüfte doch beim Stemmen der Gewichte belastet werden kann, und ihr durch Handauflegen auch gezeigt hatte, wie sehr die Brustmuskeln dabei mitarbeiten, folgte nun ein kleiner Dauerlauf. Schantall war hinsichtlich dieser letzten Übung nicht begeistert, da ihr Ziel ja nicht die Abgabe von Schweiß war, sondern die Annahme einer anderen Körperflüssigkeit. Cedrik stellte ihr Laufband zunächst auf die niedrigste Stufe ein, damit sich Schantall etwas warmlaufen konnte. Er stellte sich auf das Laufband daneben und startete mit demselben Tempo.

Es hätte ein lustiger Nachmittagsspaziergang auf dem Laufband werden können, bei dem sich beide etwas unterhalten hätten, sich nähergekommen wären und Schantall die richtigen Hebel in Bewegung hätte setzen können, um das Thema Cedrik nun endlich eintüten zu können, wenn, ja, wenn da nicht plötzlich *sie* aufgetaucht wäre. *Sie*, die Frau, die Schantall nun wirklich gar nicht gebrauchen konnte und die die Schwerkraft von Schantalls Kinnlade aktivierte, als diese sie zu Gesicht bekam: Kimberley, die Hassliebe und der Männerfang vom Busausflug nach Lloret de Mar. »Hi Schantall! Alles klar beim Hollywood-star?«

In Erinnerung an die faszinierende Zeit im Sommerurlaub, als Kim in Sachen Männereroberung den Weltmeisterpokal mit nach Hause nahm, während Schantall bereits in der Vorrunde ausschied, verfluchte Schantall nun das erneute Erscheinen Kimberleys, zumal diese sich sofort an Cedrik heranschmiss, was Schantall im imaginären Wettlauf um Cedrik um viele Runden zurückzuwerfen drohte. Kimberley stellte sich auf das dritte Laufband der Reihe, sodass Cedrik nun mit Schantall zu seiner Linken und Kimberley zu seiner Rechten den Dauerlauf um die Gunst des Weibchens starten konnte.

»Cedrik, hasse schon mein neues Tribal gesehen?«, fragte Kimberley zur Aufmerksamkeitssteigerung Cedriks auch direkt. »Hier, guck ma! Direkt überm Arsch tätowiert. Endgeil, oder?«

Schantall platzte fast der Kragen, da sie lediglich mit einem schlecht gestochenen chinesischen Schriftzeichen an der Fessel kontern konnte, welches angeblich den Namen ihres Sohnes Tschastin symbolisierte, aber übersetzt eigentlich nur »kleiner Mann« bedeutete. Schantall stellte kampfeslustig ihr Laufband zwei Level höher. Cedrik zog mit und auch Kimberley zog die Laufgeschwindigkeit an.

»Und guck ma, Cedrik. Nippelpiercings hab ich getz auch. Willse mal fühlen?« Kimberley hielt Cedrik ihre gut proportionierte, in ein knappes Top gepackte Oberweite hin, aber Cedrik lehnte etwas irritiert von so viel Weiblichkeit dankend ab. Schantall nutzte die Situation sofort aus. »Praktisch! Kannse inne Sauna dann gleich dein Handtuch dranhängen!«, konterte sie geistesgegenwärtig und stellte ihr Laufband auf die höchste Stufe.

Cedrik machte sich langsam Sorgen, da nun alle im Dauerlauf über das Laufband rannten und Schantall ihrer eigenen Schrittweite schon nicht mehr ganz folgen konnte. Auch Kimberley joggte etwas lustig umherschwankend mit, hielt sich aber tapfer und holte dann zum finalen Angriff aus, um das Wettrennen um Cedrik doch noch für sich zu entscheiden: »Sama Cedrik, gehen wa heute aufn Cocktail zu mir?« Kimberley wusste, dass sie nicht mehr viele Meter im Wettlauf um Cedrik durchhalten würde, und so musste sie aktiv werden.

Schantall schlug sich gut und ignorierte die Anmache Kimberleys. Und noch bevor Cedrik auf Kimberleys freizügige Einladung reagieren konnte, fiel an Kimberleys Laufband ihr Handtuch auf die Lauffläche, verhedderte sich in der Rollen-automatik und sorgte für ein abruptes Abstoppen des Rollen-mechanismus, was dazu führte, dass sich Kimberley lang auf die Nase legte und das Rennen somit zugunsten Schantalls entschieden war. Schantall lief tatsächlich als Erste ins Ziel und wollte nun ihre ganz persönliche Goldmedaille Cedrik mit in die Umkleidekabine nehmen. »Cedrik, kannse mir ma die Duschen zeigen? Hab ich vorhin wohl übersehen«, log sie unverfroren.

Cedrik war die Abkehr von Kimberley ganz recht und so ver-zog er sich galant, aber zielstrebig mit Schantall in Richtung Umkleidekabinen. »Musst heute bei den Kerlen duschen. Die Frauenduschen haben nur kaltes Wasser. Ich schließ auch so lange ab.«

Treffer! Versenkt!

Schantall konnte in der Männerumkleidekabine duschen. Cedrik wurde eingeladen, von innen in der abgeschlossenen Umkleidekabine Spalier zu stehen. Der Erzfeind in Sachen Männereroberung Kimberley war währenddessen damit be-schäftigt, das Handtuch aus dem öligen Innenleben des Lauf-bandes zu pulen. Ein Sechser im Lotto also, den Schantall nun eiskalt wie die Damenduschen einlöste!

Das einzige Problem, das sich für Schantall dabei ergab, war, dass sie nach dem Duschen vollkommen ungeschminkt vor Cedrik stehen musste und der ihr wahres Antlitz jenseits von Kajal- und Lippenstift zu Gesicht bekommen würde. Um es kurz zu machen: Schantall stellte sich dieser Herausforderung und begab sich in ein Handtuch eingehüllt zum Duschen.

Nun, liebe Leser, kommt die Stelle in diesem Buch, an der zum ersten Mal ausgeblendet werden muss und an der wir mal nicht live und im wahrsten Sinne des Wortes hautnah an unserer Protagonistin Schantall dran sein dürfen. Es folgt ein Moment, den wir durch die verschlossene Tür der Herrenumkleide eines Fitnessstudios nur erahnen können und der uns zeigt, dass doch alle Menschen bei gewissen Dingen gleich sind. Mit gleichen Bedürfnissen und gleichen Verhaltensweisen agieren zwei Menschen gleich welchen Geschlechts hinter verschlossenen Türen häufig ähnlich. Vorausgesetzt, sie harmonieren miteinander. Und das schien bei Schantall und Cedrik der Fall zu sein. Nun ist es auch nicht mehr entscheidend, ob diese Menschen hinter der verschlossenen Tür Anna-Sophie oder Schackeline, Claudius-Magnus oder Dustin beziehungsweise eben Schantall und Cedrik heißen. Wir werden, wenn überhaupt, nur akustischer Zeuge der Findung eines Pärchenbundes zwischen Männlein und Weiblein.

Und während Cedrik nun seiner neuen Flamme Schantall als Erstes mit auf den Weg gab, wie natürlich schön sie doch nach dem Duschen auch ohne die ganze Gesichtsbemalung aussah, schlich eine mit Schmieröl an den Fingern verschmierte Kimberley an ihnen vorbei in die Damenumkleide, um sich mit kaltem Duschwasser den Mist von den Fingern und aus dem Gesicht zu schrubben.

Schantall schien nun wie ausgewechselt zu sein, da nach einem harten Wettlauf mit ihrer Konkurrentin Kimberley zum einen die Operation Cedrik erfolgreich beendet und zum anderen aus ihr ein anderer Mensch geworden war. Das hieß nicht, dass sie sich nicht auch zukünftig für Veranstaltungen und Ausflüge jeder Art aufbrezeln und stylen würde, bis der Arzt kam, aber die kleinen Momente des Alltags würde sie vielleicht auch mal ungeschminkt bewerkstelligen. Am Briefkasten ihres Wohnhauses beispielsweise könnte sie dem Postboten ungeschminkt demonstrieren, dass man auch unbearbeitet eine frauliche Schönheit ausstrahlt, die mitunter von innen kommt. Denn wie schon der deutsche Lyriker Christian Morgenstern festgestellt hat, ist alles schön, was man mit Liebe betrachtet.

WAS HÄNGEN BLIEB:

Wie bereits angerissen, scheint die Vorstellung eines gewissen Schönheitsideals in der Begegnung mit anderen Menschen, aber vor allem im Hinblick auf das eigene Spiegelbild einem jeden Menschen innezuwohnen. Jeder, ganz gleich, ob es sich um die Schantalls oder die Jonas-Elias dieser Welt handelt, möchte sich schön fühlen, gut aussehen und dies auch den Mitmenschen auf diverse Arten verdeutlichen. Der eine halt mehr, der andere weniger.

Bei einem 190 Kilogramm schweren Mann, der sich kaum bewegt, sich zwei Wochen lang nicht duscht, seit einem Monat dasselbe T-Shirt anzieht und dessen Friseur bereits vor zehn Jahren ausgewandert ist, würde eine frische Rasur wahrscheinlich schon ausreichen, damit er sich schön und attraktiv findet. Ein erster Schritt wäre damit immerhin getan. Zum Glück gilt das nicht für die meisten Menschen in diesem Land, sodass man sich auf weit höherem Level zu optimieren versucht, um adrett, ansehnlich und natürlich auf andere zu wirken. Das fängt bei körperlichen Merkmalen an, geht über die Kleidung weiter bis hin zu modischen Accessoires, die man sich entweder in Form von verzierten Handtaschen über die Schulter hängt oder als verzierendes Motiv gleich direkt unter die Haut stechen lässt. Zunächst einmal scheint es wichtig herauszufinden, was denn bei einer Frau und bei einem Mann die Schönheitsideale sind, damit man auch zielstrebig die richtigen Hebel in Bewegung setzen kann.

Fragt man eine Frau, was sie denn an einem Mann am meisten beeindrucke, so kommen schließlich meist nur die recht wenig aussagenden Merkmale: schöne Hände, kein Bart und kein Bauch. Im Prinzip seien aber doch das Wesen und der Charakter viel wichtiger und überhaupt komme Schönheit doch sowieso von innen. Na toll, und dafür werden in Deutschland Schönheitschirurgen ausgebildet, Fitnesscenter eröffnet und Tausende Zeitschriften mit Titeln wie *MensDead* und *MensBrain* auf den Markt geworfen? Da würden prinzipiell auch eine Dose Handcreme, ein Nassrasierer und weniger Essen helfen.

Beim Schönheitsideal der Männer in Bezug auf die Frauen klingt es ähnlich: Das Lächeln steht in der Gunst weit oben, ein hübsches Gesicht und ein gepflegtes Äußeres. Auch hier könnte man meinen, dass die Ansprüche der männlichen Fraktion mit einem guten Witz und einem Stück Seife befriedigt werden könnten. Aber wie zum Teufel ist ein hübsches Gesicht einzuordnen? Ist der Schönheitschirurg doch kein aussterbender Beruf, wie der des Kutschenbauers oder Telefonzellenmonteurs?

Ich möchte zunächst noch mal auf die eher jüngere Gesellschaftsschicht der Teenies, Twens und derer, die sich noch dafür halten, zurückkommen und versuchen abzugrenzen, was hier in Bezug auf Styling und Schönheitsideale beispielsweise die Schantalls und Kimberleys dieser Welt von der biederen Antiquarin Almuth unterscheidet. Und siehe da, es gibt

Differenzen die ganz offensichtlich sind. Sogar so offensichtlich, dass sie jeder nicht nur sehen kann, sondern sehen soll.

Tattoos! Früher nannte man sie Tätowierungen oder im Sprachgebrauch der Pröllmanns »Tätovationen«. Bei Viehherden werden Tätowierungen heute noch als Identifikationsmerkmal genutzt, um einzelne Exemplare voneinander unterscheiden zu können. Diese dem Tierreich wohl abgekupferte Eigen*art* hat sich seit vielen Jahren nun auch bei deutschen Human-Herden etabliert und mittlerweile eine faszinierende Verbreitung gefunden. Während die exemplarisch erwähnte Almuth aus dem Antiquariat Tätowierungen schon aus Gründen der zu beanspruchten Haut als Schönheitsmerkmal ablehnt, ging vor vielen Jahren auch eine Gesellschaftsschicht jenseits der Matrosen, Knastbrüder und Vorstadtluden dazu über, sich ganz frech einen kleinen Delfin knapp oberhalb des Fußknöchels stechen zu lassen. So konnte nun auch die jung gebliebene und berufsflippige Sachbearbeiterin der Sparkasse aller Welt zeigen: Ich setze Akzente und verziere meinen Körper da, wo ich es toll finde. Dass sie wohl schon damals nur einem Trend hinterherlief, würde sie aber noch heute nicht zugeben. Der nächste Schritt waren dann die schon wesentlich großformatigeren Tribals oder Ornamente, die bereits ganze Beckenbereiche oder Oberarme künstlerisch verzierten und die Sparkassenazubine ins Grübeln brachten, ob das denn noch tragbar sei.

Hier schlug zum ersten Mal die Stunde der Schantalls und Schackelines. Ein spezielles Tattoo kam in Mode und wurde liebevoll »Arschgeweih« genannt. Auf einmal war es üblich, sich an den Stellen bunt oder einfarbig bemalen zu lassen, die man im Sommer gut demonstrieren und zum Bewerbungsgespräch gut verhüllen konnte. Schließlich gab es auch damals schon den etwas konservativ eingestellten Personalchef, der es als nicht so passend empfand, wenn Klara-Marie als Hotelfachfrau beim

Bettenbeziehen ein überdimensionales Arschgeweih in die Weite des Hotelzimmers streckte.

Und während die Tattoos nun bei der zivilisierten Mittelschicht ein klein wenig ins Hintertreffen gerieten, machten uns Profifußballer und prominente Schauspieler deutlich, dass die Haut am menschlichen Körper das größte Organ ist und man seine eigene Werbefläche durchaus erweitern kann. Inzwischen sind beim Torjubel in der Bundesliga bei jedem Torschützen ganze Bilderbücher, Gedichtzyklen und Fachbücher der Ornamentik sichtbar, wenn im Jubelwahn mal wieder verbotenerweise das Trikot vom Leibe gerissen wird. Auch bekannte Schauspielerinnen haben uns gezeigt, dass der inhaltliche Blödsinn und die Anhäufung an Tätowierungen auf dem menschlichen Körper im Prinzip keine Grenzen kennen. Da werden die GPS-Koordinaten der Geburtsorte der 18 Kinder auf den Arm gestochen, Abbildungen aller 64 Familienmitglieder auf dem Rücken verewigt oder ganze Fantasiewelten vom Hals abwärts bis an den Fußballen tätowiert.

Viele praktische Möglichkeiten ergeben sich hier. Insbesondere für Menschen, die leicht vergesslich sind und nun den Notizblock zu Hause lassen können. Einkaufszettel, Kreditverträge oder Frauenarzttermine – nichts muss heute mehr mühsam auf einem Stück Papier mit sich geschleppt werden. Es wird einfach zur Kunst erhoben und mit der Nadel unter die Haut gestochen. Zwar für die Ewigkeit, aber dafür auch mit ausreichend Platz.

Endlich können sich Großfamilien die Namen ihrer 16 Kinder problemlos merken. Da zieht Vater Kevin vor dem Abendessen einfach mal kurz das T-Shirt aus, hängt es ordentlich an sein Brustpiercing und schon kann Mutter Jessica mit einem Blick auf seinen Rücken alle Sprösslinge fehlerfrei an den Tisch rufen. Die optischen und eventuell auch gesundheitlichen Folgen solcher Tattoos im Alter sind dabei meist zu vernachlässigen. Sicher kann es beim Seniorennachmittag im Jahre 2050 zu Irritationen führen, wenn das auf den Hals tätowierte Bild des eigenen Babys verdeutlicht, dass der Spross mittlerweile 54 ist, und man im Altenheim mit der coolen Guns-N'-Roses-Tätowierung keine Oma mehr hinterm Ofen hervorlockt. Aber gewisse Dinge sind halt im jugendlichen Leichtsinn nicht so weit vorhersehbar. Viele Frauen, die sich mit zwanzig einen Tigerkopf auf die Brust tätowieren lassen, ahnen ja nicht, dass dieser im Alter bedingt durch den nun vorhandenen Hängebusen eher aussieht wie eine fauchende Giraffe.

Hier kommen wir nun erneut zum Thema Schönheitschirurgie, einem Wirtschaftsbereich, der wohl doch nicht von Umsatzeinbrüchen bedroht ist, wie anfangs kurz angenommen. Das Problem, das die Spreu vom Weizen trennt, ist allerdings auch hier, wie so oft, das benötigte Geld, das man braucht, um sich chirurgische Eingriffe zur Schönheitsoptimierung leisten zu können. Während junge Frauen und auch immer mehr Männer plötzlich erkennen, dass Fettabsaugung beim Schönheitsoperateur einfacher ist, als jahrelang auf Süßigkeiten und Bierhumpen zu verzichten, nutzen ältere Menschen die Kunst der Schönheitschirurgie eher zur Begrenzung der Schäden, die einem die Natur unter dem Begriff »Alterungsprozess« angedeihen lässt. Auch hier scheint es egal, ob die Klientel nun aus Familien wie den Pröllmanns oder der Arztgattin von nebenan besteht. Entscheidend ist neben dem Geldbeutel auch die Priorität, die man dem Ganzen einräumt.

Zum Schluss möchte ich mich offen fragen, warum sich junge Frauen Plastik in die Möpse packen und Nervengift in die Gesichtshaut spritzen lassen, um anschließend sagen zu können: »Verflucht noch mal, seh ich heute gut aus!« Schließlich verbaue ich ja in meiner Wohnung auch keine Asbestplatten, nur damit die Wand anschließend wieder schön gerade ist. In Bezug auf die Brüste ließe sich ja noch unter dem Stichwort »Sicherheit« argumentieren, dass Frauen mit einem großen Airbag vor der Brust diverse Gefahren, wie Gedränge in vollen Straßenbahnen, gut meistern können.

Warum sich Frauen und auch Männer aber Nervengift in die Stirn drücken, um möglichst faltenfrei und ohne jede Mimik sagen zu können »Verflucht noch mal, seh ich heute betäubt aus«, erklärt sich mir nicht. Sicher bilden große Hautfalten im Gesicht auch eine Gefahrenquelle, indem sich Parasiten, Keime und Essensreste dort dauerhaft niederlassen könnten. Sicher sind Krähenfüße in der chinesischen Suppe mitunter schöner anzusehen als um die Augen einer gereiften Frau.

Aber ist es denn wirklich notwendig, sich das Gesicht zu betäuben, um der Umwelt vorzutäuschen, dass man wie 25 aussieht, wenn man eigentlich schon 26-einhalb ist? Ich finde, der Trend zur Schönheitschirurgie sollte auf ein erträgliches Maß zurückgefahren werden und sich beispielsweise auf das Thema Nasegeradebiegen oder Ohrenanlegen beschränken, denn letztlich sind junge Frauen und Männer, die sich chirurgisch unter die Arme greifen lassen, meist nur durch ihre eigenen Augen betrachtet nicht perfekt und nicht durch andere. Ein paar Falten in ihrem Gesicht haben zumindest bei mir nie bewirkt, dass ich mir den aktuellen Film einer Hollywooddiva nicht anschauen würde. Sehr wohl verzichten kann man aber in Zukunft auf die Schauspielkunst der Diven, die sich eines ihrer wichtigsten Arbeitswerkzeuge, der Mimik, berauben und zu wandelnden Schaufensterpuppen mutieren.

Machen Sie also das Beste aus Ihrem Antlitz, ohne dabei Ihre ganze Ausstrahlung aufs Spiel zu setzen, und beantworten Sie sich doch mal die Frage, ob tatsächlich Sie es sind, die ein aktuelles Schönheitsideal als schön empfindet, oder ob es nur die breite Masse ist, der Sie blind hinterherlaufen. Das Beste ist, Sie suchen sich für Ihr Leben einen Partner, der exakt die gleiche Anzahl an Schönheitsmängeln aufweist wie Sie, sodass Diskussionen immer mit einem Unentschieden enden. Noch besser sind Partner oder Partnerinnen, die exakt die gleichen Schönheitsmängel besitzen, sodass man sich beim Küssen mit einer kleinen Brust wirklich nahekommen kann oder beim zu dicken Bauch beider eben keiner dem anderen einen Vorwurf macht, wenn das Küssen zur Akrobatik wird.

Wichtig ist im Leben, dass Sie schöner sind, als Sie je aussehen werden.

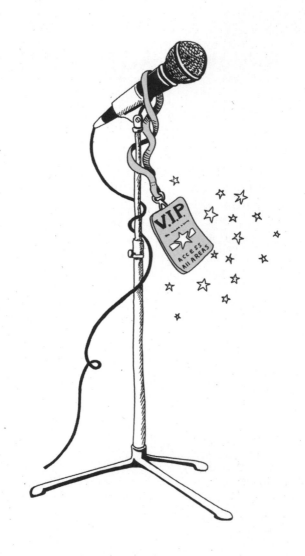

9. KAPITEL

LASSEN SIE MICH DURCH, ICH BIN PROMINENT

Bereits am Anfang meiner Aufzeichnungen aus dem Alltag der Schantall Pröllmann wurde erwähnt, dass ein bisschen Schantall wohl in jedem von uns steckt. Bedingt wurde das durch die Tatsache, dass sich vielfältige gesellschaftliche Schichten, Milieus und Szenen im Alltag vor den Türen regelmäßig begegnen und miteinander agieren beziehungsweise kommunizieren. Sei es der akademisch ausgebildete Personalchef, der auf die Bewerberin mit Hauptschulabschluss trifft, oder die angehende Juristin, die den Dachdeckermeister aus dem Yogakurs ganz sympathisch findet. Wir sind alle eins und werden in erster Linie wohl nur von Schichten, die sich als etwas Besseres ansehen, gerne mal entzweit und als unterklassig eingestuft, um Rangordnung und Statusfragen zu definieren.

Dem Hai ist es egal, dass der Thunfisch ein kleinerer Fisch ist als er selbst. Er frisst ihn, weil er es kann und muss. Prinzipiell ist der Thunfisch aber für die Tiefkühlpizzaindustrie wesentlich hochrangiger in der Bedeutungsskala als der Hai, weil zumindest der Europäer lieber Thunfisch als Haifisch auf seiner Tonno vorfindet. Somit ist es müßig, darüber zu philosophieren, welcher der beiden Fische nun eine wesentlichere Stellung in den Weltmeeren einnimmt, da es nur auf die Schicht selber ankommt, in der man sich gerade befindet und in der man sich wohlfühlt. Jeder sollte für sich selbst eine »very important person«, also ein VIP, sein.

Es gibt jedoch in Deutschland einen Personenkreis, dessen Mitglieder medial sehr regelmäßig stattfinden und oft voreilig und mit großer anzunehmender Selbstverständlichkeit als VIPs bezeichnet werden. Es geht um die sogenannten Prominenten in diesem Lande und die damit direkt einhergehende Frage, was einen zur Gesellschaftsschicht der Prominenten oder VIPs zählen lässt. Die Satiriker hatten vor einigen Jahren ein Einsehen mit den Normalsterblichen und teilten die inzwischen inflationär auftretenden Stars in A-, B- und C-Prominente ein, damit man als gutbürgerlicher Medienkonsument noch den Überblick behielt, ob der Berliner Szenefriseur und der Hamburger Schickimicki-Koch schon zur Gattung der A-Klasse-Prominenz oder doch eher auf die hinteren Ränge gehören beziehungsweise gar nicht Teil der Medienarena sind, die uns täglich aktuelle Wasserstandsmeldungen von Scheidungen, Geburten und Skandalen liefert.

Schantall und Cheyenne waren auf jeden Fall große Freundinnen solcher medialer Realseifenopern und ließen keine Gelegenheit aus, sich per TV und bunt bebilderter Hochglanzzeitschriften auf den neuesten Stand zu bringen, welcher Mottoshowteilnehmer in der aktuellen Ausgabe eine Homestory über sein Kinderzimmer oder eine Bilderstrecke über sein neues Tattoo veröffentlichte. Sie waren im Prinzip von allem und jedem zu begeistern, wenn er oder sie nur wichtig genug aufgemacht und medial gepusht wurde. So funktioniert eine ganze Industrie.

Am wichtigsten für die Gläubigen eines aktuellen Medienhypes, der mal wieder die Nation überspült, ist aber der reale

Kontakt mit dem Ziel der Begierde und des Interesses. Autogrammstunden in Möbelhäusern, musikalische Auftritte in Supermärkten und Interviews bei Baumarkteröffnungen sind da ein guter Anfang zur realen Kontaktpflege, auch wenn sich hier meist keine A-Prominenz tummelt, sondern eher der Bodensatz des heiß gebrühten Kaffees Unterhaltungsbranche. Und das wusste auch Schantall.

Doch wie konnte es Schantall bewerkstelligen, einmal im Leben ganz nah an die wahre A-Prominenz heranzukommen und ihr auf Augenhöhe zu begegnen? Würde sie es schaffen, die tausendfach angebeteten Helden des Fernseh- und Klatschblattuniversums persönlich zu treffen und ein einziges Mal Teil des ganzen Apparates zu werden? Sich für einen Tag lang nicht nur wie ein VIP zu fühlen, sondern einer zu sein – das war ihr großer Traum.

Nun gut. Gleich vorweg: Der größte Prominente in Schantalls Heimatstadt im Ruhrgebiet war ein Rauhaardackel, der mal eine Rentnerin vor dem Ertrinken im Rhein-Herne-Kanal bewahrt hatte und anschließend publikumswirksam vom Bürgermeister mit einer Medaille ausstaffiert worden war. Nicht gerade die große weite Glamourwelt und nicht das, was Schantall vorschwebte.

Aber was wäre Schantall ohne ihre liebste Cheyenne, die ihr schon aus so einigen misslichen Lagen herausgeholfen hatte und die auch an diesem Tag wieder einmal eine geniale Lösung in Form einer SMS an Schantall verschickte:

Hi schantal, mama hat zwei karten für den goldenen quotenhengst gewonnen, tut aber krank inne betten liegen. Hasse bock?

Schantall konnte zunächst einmal mit der Kurznachricht ihrer Freundin recht wenig anfangen, da sie zu diesem Zeitpunkt weder erkannte, dass Cheyennes Mutter an irgendeinem Preisausschreiben teilgenommen hatte, noch wusste sie, was denn der »Goldene Quotenhengst« symbolisierte. Da Frauen aber anscheinend immer zunächst eine SMS schicken, um unmittelbar danach telefonisch miteinander in Kontakt zu treten, wählte Schantall direkt im Anschluss Cheyennes Nummer und ließ sich recht euphorisch erläutern, dass der »Goldene Quotenhengst« die höchstdotierte Trophäe im deutschen Fernsehen sei, die einmal jährlich an Künstler und Medienschaffende verliehen wurde. Die Verleihung fand in Berlin statt und Cheyenne hatte zwei Eintrittskarten inklusive Zugfahrt und Hotelübernachtung im Anschluss an die Aftershowparty in ihrer Hand.

Für Schantall schien dies die zumindest 24-stündige Eintrittskarte in die Welt des Glamour zu sein, um den Idolen vom Frühstücksfernsehen bis zu den Spätnachrichten, oder anders ausgedrückt von den prolligen Talkshows des Vormittags bis zu den Seifenopern des Nachmittags, nahe sein zu können. Vom faltigen Schlagersänger bis zur Dokusoap-Queen an seiner Seite, vom Serienstar bis zum madenerprobten Dschungelbewohner – sie alle würden dabei sein und Schantall war mittendrin.

Genauso »mittendrin« ging es für Schantall und ihre Freundin Cheyenne dann im ICE Richtung Berlin, wo sie am frühen Nachmittag Stellung bezogen, bevor sie am Abend der großen Gala beiwohnen konnten.

Eine Fahrt in einem überfüllten Zug impliziert ja irgendwie immer das Wort »mittendrin«, da es selbst bei der kostenpflichtigen Reservierung eines Sitzplatzes kein richtiges »außen vor« gibt. Mit dem Schnellzug durch halb Deutschland zu fahren ist in etwa vergleichbar mit einem Schlachthoftransport im Lkw von Albanien nach Mecklenburg-Vorpommern. Die Zeit verläuft im dichten Gedränge genauso quälend langsam. Man weiß als Mitglied der Herde zu keinem Zeitpunkt, wann man wo ankommt, und auch die geruchliche Situation ist an heißen Tagen durchaus ähnlich. Der einzige Unterschied ist der, dass man beim Schweinetransporter offene Stellen in der Bordwand vorfindet, an denen man als Individuum auch mal frische Luft einatmen kann. Das ist bei vielen Zügen mittlerweile anders. Schantall war von dieser Situation offensichtlich ebenso begeistert wie die neben ihr auf dem Boden kauernde und vor sich hin ölende Cheyenne. Beide hatten vor Antritt der Fahrt keinen Wert auf die Reservierung eines Sitzplatzes gelegt und mussten somit die eher unbequeme Art des Zugreisens über sich ergehen lassen.

Trotz der angespannten Sitzplatzsituation erreichten Schantall und Cheyenne das Ziel Berlin-Hauptbahnhof aber fast planmäßig. Der Schritt der beiden auf den Platz vor dem Hauptbahnhof war kein großer Schritt für die Menschheit, aber ein großer Schritt in die große weite Hauptstadtwelt für diese beiden Landeier, besonders da Schantall das Wort »Großstadt« bisher eher mit Gelsenkirchen und Oberhausen als mit Hamburg oder Berlin in Verbindung gebracht hatte.

»Abgefahren! Guck ma, Cheyenne! Der schäbige große Glaskasten. Wer wohnt da wohl in dem Betonbau? Oder die alte Bude mit der Glaskuppel und der Deutschlandfahne. Voll vintage, die Hütten!«

Schantall setzte den erblickten bundesrepublikanischen Denkmälern gleich nichtwissend ein selbiges und trottete mit Cheyenne und ihrem bunten Trolley im Schlepptau direkt mal unter dem Steintor mit Pferden auf der Spitze hindurch.

Am Hotel angekommen, stellte sich für die beiden nun die Frage nach adäquater Bekleidung für den Aufenthalt im Hotel und vor allem für die Gala und die Party am Abend, da die vor dem Hotel bereits aufgereihte Ansammlung an Limousinen andeutete, dass Schantalls derzeitiges Outfit noch nicht im Bereich der A-Prominenz anzusiedeln war. Cheyenne erwähnte direkt, dass sie das alte dunkelgrüne Hochzeitskleid aus schwerem Samt und mit goldenen Brokaträndern ihrer türkischen Freundin Cengül eingepackt hatte und sie darin trotz ihrer pfundigen Abmessungen ihrer Meinung nach durchaus gut aussah und für den Abend gerüstet war. Schantall wurde aufgrund der Hotelpagen vor dem Fünf-Sterne-Haus klar, dass der Spieltag hier und heute tatsächlich in einer anderen Liga stattfand und sie für diese Auswärtspartie eine bessere Trikotmontur benötigte als die gewohnte Wäsche bei Heimspielen. »Wir tun gleich mal bei den C & M gehen. Da hol ich mir 'n Fummel. Tauschen wa dann morgen wieder um!«

In der Lobby des Hotels angekommen, schlug dann das Herz der beiden jungen Damen bereits etwas höher, da ein solcher Prunk, wie er hier allein in diesem Entree des Hotels gezeigt wurde, eher an die Innenausstattung des Petersdoms in Rom und nicht im Entferntesten an das Pröllmann'sche Wohnzimmer in Bochtrop-Rauxel erinnerte.

Da Schantall dieser ganze Spuk nicht geheuer war, schickte sie dann auch lieber ihre Freundin Cheyenne zum Check-in, zumal ja auch mehr oder weniger sie es gewesen war, die die ganze Sause gewonnen hatte und die entsprechenden Gutscheine und Einladungen bei sich trug. Schantall setzte sich also in der Lobby in einen überdimensionalen schwarzen Ledersessel, der sie optisch in etwa bis zum Halsansatz versinken ließ, während Cheyenne sich derweil am Counter mit den Begriffen »Signature« und »Spa-Bereich« abmühte. Der neben Schantall sitzende durchtrainierte Hüne mit Zigarre im Anschlag suchte direkt das Gespräch zur etwas unsicher wirkenden Schantall: »Na, biste auch heute Abend auf der Gala, schöne Frau?«

Schantall hätte dem etwas großkotzig anmutenden Herrn für die »schöne Frau« wohl am liebsten direkt was auf die grinsende

Visage gegeben, wenn sie sich sicher gewesen wäre, dass er lediglich ein nicht-prominenter Türsteher oder Ähnliches gewesen wäre. Da sie sich aber nicht sicher war und auch nicht direkt als die unbedeutende Schantall aus Bochtrop-Rauxel auffallen wollte, fragte sie einfach mal direkt zurück: »Ja, klar! Und du? Wat machs du da so? Irgendwoher kenne ich dich doch, oder?«

Schantall hätte es nie für möglich gehalten, dass sie diesen überstrapazierten Anmachspruch, den sie in ihrem Leben nun schon Dutzende Male von irgendwelchen Kerlen gehört hatte, selber mal anwenden musste, um aus dieser ungewohnten Situation entfliehen zu können.

»Ach, weißt du, Kleine, ich habe vor zwanzig Jahren mal in einem Hollywoodfilm mitgespielt. Ich war in einer Söldnerarmee der Dritte von rechts. Ein Schwager meines Neffen hat mich über die Cousine eines Freundes in die Filmszene reingebracht. Tja, so kanns gehen im Leben.«

Schantall hatte natürlich keinen Plan, wen sie da vor sich hatte, aber ihr siebter Sinn sagte ihr bereits hier im Hotel, dass die anwesende Teilnehmermeute dieses Fernsehpreises wohl auch nur mit Wasser nachspült und sie sich durchaus etwas selbstsicherer in der großen weiten Welt der A-bis-C-Klasse-Prominenz präsentieren konnte. Eine Herausforderung, die ihr durchaus stand und durch die der Tag nun eine ganz eigene Note entfaltete.

Als der große Schauspielrecke dann noch etwas neugierig wurde und ebenso fragte, wer sie denn sei, zog sie sich die großreifigen Ohrhänger zurecht und log ihm charmant grinsend »Schmuckdesignerin« ins Gesicht, bevor sie sich mit etwas Mühe aus dem problematischen Sessel schälte und nach ihrer Freundin Ausschau hielt. Cheyenne winkte unterdessen schon mit den Zimmerkarten und so gingen beide Grazien schnurstracks zu den Aufzügen. Ein jugendlicher Hotelpage, der wohl heute seinen ersten Tag hatte, schleppte eifrig die beiden mit silbernen Sternchen beklebten Trolleys in Richtung Hotelzimmer und auch Cheyenne gewöhnte sich so langsam daran, dass sie für einen Tag zu den »janz Wischtischen« dazugehörten.

»Boah, Schantall! Da an den Counter war so 'ne nervige Schauspielerin. Ich kannte die gar nicht. So 'ne große Blonde. Die hat so total durch die Nase geredet und war total bockig wegen ihr Kleid, wat angeblich irgendwo für die sein soll. Voll wichtig die Olle. Die kriegen hier wohl alle die Kleider für Ömmes. Abgefahren, oder?«

Man bot dem etwas mitleiderregenden Hotelpagen gleich das Du an und bedankte sich für das Hochschleppen der Koffer mit einem warmen Händedruck in die geöffnete Handfläche.

Da für die anstehende Gala am Abend nicht mehr allzu viel Zeit übrig blieb und Schantall ja mindestens vier Stunden Vorbereitungszeit im Bad benötigte, um sich ausgehfertig zu gestalten, entschied sie sich nun erst einmal dafür, sich mit dem Inhalt der Minibar bewaffnet in die überdimensionierte Badewanne zu legen und ein bisschen nobles Großstadtflair auf sich wirken zu lassen, während ihre Freundin Cheyenne aus dem Badezimmer ausgesperrt wurde, um sich im Nebenraum für die Veranstaltung bereit machen zu können. Voll chillig, wie man heute wohl sagt, und getreu dem Motto: »Don't *go* on my nerves! I'm a celebrity!«

Um es kurz zu machen: Noch während Schantall sich im Badezimmer aus Gründen der Nervosität und auf Kosten des Veranstalters den vierten Sekt einflößte, stand eine perfekt aufgehübschte Cheyenne bereits an der Tür des Hotelzimmers, an die ganz dezent der junge Page aus dem Aufzug geklopft hatte. Wie eine Schönheit aus Tausendundeiner Nacht öffnete Cheyenne die Zimmertür und der etwas schüchtern und ver-legen wirkende Page gab an, dass das Kleid nun doch noch eingetroffen sei. Das Kleid war da? Welches Kleid? Cheyenne wusste nichts von einem Kleid.

Nun gut, man mag über die Synapsenfülle von Cheyenne und die damit einhergehende Durchschnittsgeschwindigkeit ihrer Gedankengänge sagen, was man will, aber in diesem Moment muss in Sachen Prozessorgeschwindigkeit alles in Mach 3 passiert sein, da die Schöne aus dem Morgenland nun blitzschnell folgerte, dass hier zwar ein Irrtum vorlag, sich dieser aber für ihre Lieblingsfreundin Schantall durchaus als Vorteil erweisen konnte, da sie ja immer noch kein adäquates Kleid zur Verfügung hatte. Kurzum: Schantall hatte für den Abend ein silbernes Designerkleid feinsten Stoffes und die große blonde näselnde Schauspielerin vom Hotelcounter eben keines. Zudem konnte man sich die Zwischenstation im Billigfummeldiscounter sparen und die Zeit für einen gemeinsamen weiteren Umtrunk aus der Hotelbar nutzen.

Schantall war nun nicht nur aufgrund des verballerten Alkoholdepots aus der Minibar sehr erheitert, sondern freute sich tatsächlich so dermaßen kindisch über das Kleid, dass sie ihre Freundin Cheyenne gleich umarmte und sich insgeheim vornahm, mal so richtig auf die Kacke zu hauen. Schließlich war hier ja anscheinend alles für lau und so eine Einladung musste man auskosten.

Die großen schwarzen Limousinen vor dem Hoteleingang warteten ebenso wie die nun nacheinander eintreffenden Prominenten auf die Abfahrt zur Halle, neudeutsch Eventlocation genannt. So versammelten sich in der Hotellobby nun also ein Großteil der deutschen A-Prominenz, gespickt mit Dutzenden Buffetparasiten der B-Prominenz und auch einigen Mitsäufern der C-Prominenz, sowie das Pärchen Schantall und Cheyenne in einem der wohl schönsten beziehungsweise fürchterlichsten Kleider, die man für diesen Abend hätte auswählen können.

»Ein ganz bezauberndes Kleid haben Sie da heute an!«, sagte eine rothaarige Schauspielerin älteren Geburtsjahres zu Schantall. »Ist von Cavalli, oder?«

»Ne, von Benjamin, dem Pagen. Für lau!« Schantall wollte die reife Charaktermimin nicht anlügen und sorgte aufgrund ihrer ehrlichen Art für etwas Irritation.

Cheyenne fand die heuchelnde Art der versammelten Prominenz, wirklich jedes Kleid und jede Frisur als »ausgesprochen zauberhaft« zu betiteln und dies noch mit einem sichtbar unauthentischen Grinsen zu untermauern, wirklich bemerkenswert. »Ey, Schantall! Der Typ hat mir gerade gesagt, dunkelgrüner Samt mit Brokaträndern is total *in*. Der absolute Berlinstyle.«

Das leicht freakige Etwas entpuppte sich als Modedesigner, der jedoch mehr im Bereich Teleshopping seinem Alltagsgeschäft nachging und für den an diesem Abend wohl alles irgendwie »Berlinstyle« war, sodass er die Aufmerksamkeit der Damen und zukünftigen Kundinnen schon mal direkt auf seiner Seite hatte.

Die Limousinen waren nun zur Abfahrt bereit und Schantall sowie Freundin Cheyenne stiegen zusammen mit einem adrett gekleideten Herrn und seinen zwei Gespielinnen in die geräumige Limousine. Er erinnerte die beiden Ruhrpottdamen ein klein wenig an den guten alten Harry Wijnvoord und gab sich Mühe, jedem um ihn Stehenden auch direkt zu verdeutlichen, dass er heute den Abend moderierte und zudem auf derselben Hoteletage wohnte wie die anderen Nominierten. Die beiden Gespielinnen stellte er als Cousinen vor und parkte sie in der Großraumlimousine zusammen mit zwei Gläsern Sekt gleich mal auf der gegenüberliegenden Bank des Fahrzeuges, während er sich zwischen Schantall und Cheyenne quetschte.

»So, meine Lieben, wie ich das sehe, wird heute eine von euch beiden Hübschen einen recht ungewöhnlichen Abend verbringen. So viel sei vorab erwähnt.«

Der Showmaster, der aufgrund seiner Art nun doch eher an einen Gebrauchtmöbelverkäufer aus Recklinghausen-Hochlarmark erinnerte, fing an zu nerven. Die etwas begriffsstutzige Cheyenne maß diesem Kommentar nicht allzu viel Bedeutung bei, da sie davon ausging, dass er die beiden »Cousinen« auf der Bank gegenüber meinte. Schantall fühlte sich von diesem Marktschreier für Arme dagegen einfach nur plump angemacht.

Umso erfreuter waren die beiden dann auch, als sie an der Halle angekommen galant wie die Hollywooddiven aus Bochtrop-Rauxel aus der Limousine aussteigen durften und den aufdringlichen und anscheinend notgeilen Showmaster nach seinen Worten »Bis später!« aus den Augen verloren. Schantall, die sich auf dem roten Teppich für die Fotografen direkt in Pose begab und so tat, als wolle sie tatsächlich jemand fotografieren, war nun ganz in ihrem Element.

Ungefähr zwanzig Fotografen wurden ungefragt über ihren imaginären Job »Schmuckdesignerin« in Kenntnis gesetzt, bevor ein überaus eifriger und etwas argwöhnischer Securitymann direkt auf Schantall zukam und sie nun höflich bat, mal zur Seite zu treten, damit die wahren Stars, also die Fernsehköche, Szenefriseure und Restauranttester, in die Halle stolzieren konnten.

»Kann ick ma Ihre Akkreditierung sehen?«, gab der Türsteher forsch zu verstehen.

»Wat wills du?«, antwortete Schantall, der das Ganze etwas unangenehm war.

»Na, Sie sind doch als Journalistin akkreditiert oder etwa nich?« Der Sicherheitsmann schien hier etwas zu verwechseln, was Schantall während ihres großen Auftritts nun gar nicht abkonnte. »Getz pass ma auf, Schätzchen! Seh ich in den Kleid wirklich so aus, als wenn ich wat mit Kredit am Laufen hab? Und mit die Presse hab ich schomma gar nix an Hut!«

Cheyenne beruhigte die Situation umgehend, indem sie dem misstrauischen Türsteher nun die Einladungskarten vorzeigte, woraufhin die beiden endlich Einlass zur kulinarischen Fressmeile des Fernsehpreises erhielten. Der Türsteher hatte wohl erkannt, dass hier auch Branchenfremden durchaus Zutritt gewährt werden musste. Er wurde zudem im selben Moment durch seinen Kollegen abgelenkt, der per Walkie-Talkie etwas von großem Chaos im Hotel berichtete, weil *das* Kleid fehlte.

Cheyenne und Schantall nahmen von diesem Problem jedoch keine Notiz mehr und bunkerten erst einmal sämtliche Lachshäppchen sowie Champagnergläser auf ihrem ausgewählten Stehtisch im Foyer.

Sie hatten es also geschafft und waren in die Höhle der Löwen vorgedrungen. In die Quotenhöhle der Medienlöwen, in der sich die versammelte Prominenz gegenseitig zujubelte, beklatschte und Jurys bildete, die wiederum Preise an ihresgleichen und für jene Shows vergab, die das Klatschvieh, pardon Publikum, im vergangenen Jahr am meisten gesehen hatte. Solche Galas sind also eigentlich eine tolle Erfindung, da es außerhalb der Welt der intellektuellen Medienschaffenden gar keine derart cleveren Marketingabläufe gibt, die es den Protagonisten ermöglichen, sich öffentlichkeitswirksam immer wieder in Szene zu setzen.

Oder können Sie sich vorstellen, dass eine Jury aus Krankenschwestern und Oberärzten alljährlich zusammensitzt, um die beste Operation am offenen Herzen zu prämieren, und diesbezüglich eine pompöse Gala ausrichtet, bei der die leitenden Fachärzte eine Laudatio auf die künstlerische Meisterleistung des Chefarztes halten, um ihm im Anschluss das Goldene Skalpell zu verleihen? So was gibt es in diesem öffentlichkeitswirksamen Ausmaß tatsächlich nur im Bereich der »very importierten Personen« des Showbusiness.

Schantall und Cheyenne hatten inzwischen ihre Plätze im großen Rund der extravaganten Eventhalle eingenommen und als der mittlerweile rotzbesoffene Showmaster aus der Limousine mit seinen beiden liebestollen Cousinen an ihnen vorbeitorkelte, wussten sie, dass es jetzt gleich losgehen musste. Dutzende Prominente, die Schantall aus diversen Rentnerbravos wie *Frau im Koma* oder *Das dreilagige Blatt* kannte, gingen nun ein und aus und begrüßten sich allesamt mit einem Bussi links und einem Bussi rechts. Auch bei diesem Begrüßungsritual fehlte weder der Hinweis auf das ganz bezaubernde Kleid noch auf die tolle Frisur.

Der angedeutete Wangenkuss auf die linke und rechte Gesichtshälfte wird übrigens aus dem Französischen stammend »Akkolade« genannt und hat weder was mit aufladbaren Batterien noch mit Süßspeisen zu tun. Er dient traditionell der Begrüßung eines Familienmitglieds oder eines engen Bekannten. Wenn man es so sieht, war die Verleihung dieses Fernsehpreises also eine reine Familienveranstaltung unter Bekannten und Verwandten, auf die sich Schantall und Cheyenne da begeben hatten. Die Anzahl der abgegebenen Luftküsse variierte dabei je nach Bedeutung des Gegenübers von zwei bis vier. Bei einigen Anwesenden musste man also davon ausgehen, dass sie aufgrund permanenten Hin-und-her-Küssens blutsverwandt waren, obwohl sie sich noch nie zuvor im Künstlerleben begegnet waren.

Schantall, die ebenso wie die anderen knapp fünfhundert geladenen Gäste feststellte, dass die Aktivierung der Klimaanlage wohl nicht mehr im Budgetrahmen des Veranstalters gelegen hatte, fing an, sich mit der Ablaufliste des Abends Luft zuzufächeln. Die Ablaufliste kommentierte nicht nur den Ablauf der Veranstaltung, mit Angabe der Nominierten, sondern informierte Schantall auch darüber, dass der notgeile Showmaster, der ihr in der Limousine noch ein außergewöhnliches Finish für diesen Abend prophezeit hatte, Steven Engemann hieß und wohl tatsächlich schon einige Quotenerfolge vorzuweisen hatte. Wenn auch in früher Vorzeit der Fernsehlandschaft, in der Schantall noch Hörspielkassetten gehört und mit dem Medium Fernsehen noch nichts am Hut gehabt hatte. Er war es dann auch, der kurz vor Ende der Verleihung mit viel Bohei den letzten Gewinner oder die letzte Gewinnerin des »Goldenen Quotenhengstes« an diesem Abend anmoderierte. Hierfür bediente er sich einer Kamera, die extra auf die große Bühne gekarrt wurde, um den oder die Gewinnerin des einzigen Publikumspreises an diesem Abend in der Kategorie »Beste Newcomerin« möglichst spannend im Publikum zu fokussieren und auf die Bühne zu bitten.

Der Moderator konnte aber wohl ebenso wenig mit den jungen Gesichtern der Nachwuchstalente etwas anfangen wie Schantall mit den runzeligen Gesichtern der in die Jahre gekommenen Moderatorenzunft, sodass sich Steven nur an die Vorgabe der Jury und Aufnahmeleitung halten konnte, doch die junge Dame mit dem silbernen Cavalli-Kleid zu fokussieren, da sie die diesjährige Gewinnerin war.

Sie können sich denken, was geschah. Schantall wurde von Moderator Steven spontan und unter großem Jubel der anwesenden Medienschar auf die Bühne gebeten, nachdem ihr Gesicht von Kamerakind Engemann groß eingefangen worden war und sie sich mit dem Gesichtsausdruck eines Rehs vor der Mündung des Jägergewehrs auf den großen LED-Leinwänden der Eventhalle selbst erblickt hatte.

»… ich möchte die junge Dame nun auf die Bühne bitten und gratuliere herzlich zum Publikumspreis in der Kategorie ›Beste Newcomerin‹.«

Schantall wusste nach wie vor nicht, wie ihr geschah, und glaubte nicht nur an einen schlechten Scherz, sondern an ein Versehen, das man nun doch bitte ganz schnell korrigieren musste, damit ihr weiteres Unheil erspart bliebe. Eine junge Hostess, die direkt im Jubelsturm der Anwesenden zu Schantalls Platz kam, um sie abzuholen, ließ ihr dann aber keine andere Wahl, als den Gang auf die Bühne anzutreten. Schantall folgte der jungen Dame bis zur kleinen Bühnentreppe, wo sie von Moderator Steven abgeholt wurde. Breit lachend erinnerte Steven daran, wie er sie gewarnt hätte, dass der Abend heute etwas ungewöhnlicher werden könnte. Die nun folgenden Ereignisse liefen zur Beruhigung Schantalls etwas zügiger ab, da die Regie nach gut zwei Minuten erkannte, dass Schantall zwar das besagte silberne Kleid trug, aber wohl bedauerlicherweise doch nicht die Newcomerin des Jahres war und es sich um ein peinliches Missverständnis handelte. Um die Situation und seinen eigenen Kopf im Hinblick auf seinen Promillewert zu retten, gab Steven an, dass die ganze Nummer natürlich nur ein Scherz gewesen sei und die wahre Newcomerin – gemeint war natürlich die große blonde Schauspielerin mit der näselnden Stimme aus dem Hotel – die richtige sei.

Sie kam dann auch direkt zu Schantall und Steven auf die Bühne. In ein etwas zu knapp bemessenes silbernes Wurstpellenkleid à la Mariah Carey gequetscht, das man ihr anscheinend kurz vor Beginn der Gala in der Filiale einer Modekette noch besorgt hatte, machte auch sie gute Miene zum bösen Spiel, obwohl sie Schantall für den »Diebstahl« ihrer Traumrobe und den verpatzten Auftritt wohl am liebsten den Kopf abgerissen hätte. Nix mit Bussi-Bussi also.

Steven beendete wie gewohnt souverän und galant die Situation und fragte noch freundlich bei Schantall nach, wer sie denn im wahren Leben sei, wenn sie schon nicht zum elitären Kreis der Schauspieler und Nominierten an diesem Abend gehörte.

»Ich tu Schmuck designen«, gab Schantall erneut selbstbewusst lügend Auskunft, bevor sie mit halb ironischem, halb witzig gemeintem Applaus von der Bühne entlassen wurde.

Knapp 5,8 Millionen Menschen haben an diesem Abend die Gala live im Fernsehen gesehen und sich ebenso wie die zahlreichen Gäste der Aftershowparty, die Schantall anschließend ansprachen, gefragt, wer diese junge braun gebrannte Frau im edlen Kleid wohl gewesen sein mochte.

Schantall genoss die Aufmerksamkeit auf Zeit und gab an der Seite ihrer Busenfreundin Cheyenne jedem und zwar auch dem Hünen mit der Zigarre aus dem Hotel die Auskunft: »Beste Newcomerin ist die, die am besten noch mal neu kommt.« Stößchen!

WAS HÄNGEN BLIEB:

Ich muss zugeben, dass ich die Liveausstrahlung der Fernsehpreisverleihung leider nicht im TV verfolgen konnte, da meine Frau zeitgleich die Fernbedienung mit einer tränenreichen Pilcherverfilmung blockierte und ich in meinem Büro saß, um den DVD-Rekorder zu reparieren, in den meine pubertierende Tochter vor Wut ein rohes Ei geschoben hatte. Ich muss auch ehrlich zugeben, dass ich mir nach Schantalls Hinweis auf den Berlinausflug keine großen Sorgen gemacht hatte, dass irgendetwas schiefgehen würde, da Schantall meiner Meinung nach in dieser Klientel besser aufgehoben war als im Umfeld ihrer Sonnenbankbekanntschaften ihres Heimatortes. Also hatte ich an diesem Abend die Muße, mich um die wichtigen Dinge des Lebens wie rohe Eier in Elektrogeräten zu kümmern.

Als Schantall mir in der darauffolgenden Woche aber berichtete, was sich ereignet hatte, fragte ich mich dann doch, wie sie in dieser fremden Welt Hauptstadt mit jenem etwas anders gepolten Menschenschlag namens Prominenz zurechtgekommen war. Aber vielleicht gab es unter den Prominenten auch ein paar Typen der Marke Schantall und Co, die tatsächlich den steinigen Weg aus der sozialen Unterschicht ins zumindest zeitlich begrenzte Rampenlicht gemeistert hatten.

Früher, also in der Zeit jenseits von Mottoshows und Dokusoaps, galt man weltweit entweder als Star oder eben nicht. Das Wort »prominent« wurde eher selten benutzt und wenn, dann sicher nicht so ausufernd eingesetzt wie heute. Prominenz bedeutet im Großen und Ganzen ja nichts anderes als »hervorragend« und bezeichnet die Dazugehörigkeit zur Gesamtheit der herausragenden Persönlichkeiten. Doch wer oder was ist eigentlich »herausragend«? Ein Ast am Apfelbaum im Garten kann genauso herausragend sein wie ein Leistenbruch bei einem Mann, der plötzlich optisch den falschen Eindruck von großer Potenz vermittelt. Menschlich und beruflich herausragend sind wohl auch Krankenschwestern, Astronauten und Kunstpfeifer, da sie entweder etwas Seltenes geleistet haben oder etwas Außergewöhnliches für die Gesellschaft tun. Aber das hilft uns nicht weiter, den Begriff »prominent« zu definieren. Die Frage ist ja auch, ob Prominente tatsächlich eine eigene Gesellschaftsschicht darstellen und sich diese von

der sozialen Unterschicht abhebt oder gar durch sie größten-
teils gebildet wird.

Eine weitergehende und etwas aktuellere Definition des Be-
griffs »prominent« ist daher das wie auch immer erworbene
Ausmaß der Bekanntheit in der Öffentlichkeit. Damit kommen
wir der Sache näher, denn dieser Punkt würde erklären, warum
in Deutschland jeder USA-Auswanderer oder Schrottplatz-
besitzer zum Prominenten mutiert, insofern er nur lange genug
in der medialen Öffentlichkeit stattfindet. Heutzutage ist somit
wohl jeder und alles prominent, was nur lange genug durch
die Medienlandschaft angepriesen und einer breiten Masse an
Empfängern zugängig gemacht wird.

In der Regel scheint es egal zu sein, ob der oder die Prominente
wie die Pröllmanns aus der sozialen Unterschicht stammt oder
zur deutschen Oberschicht gehört, um für die Medien sende-
fähig zu werden.

Dass man im Universum der Schantall nicht mit geklauten
Doktortiteln zu einer gewissen abstrusen Form der Prominenz
gelangt, ist klar, aber unterschätzen sollte man die soziale Unterschicht diesbezüglich auf keinen Fall.

»Vom Tellerwäscher zum Millionär« heißt die gute alte
amerikanische Devise, nach der auch sozial eher schwach ge-
stellte Individuen den großen Aufstieg schaffen können. Nicht
vergessen sollte man allerdings, dass viele, die sich für talentiert
und bereits prominent halten, häufig nur mit Papptellern
agieren, die für eine ernsthafte Karriere häufig nicht ausreichen,
da man sie nun mal nicht spült und die Karriereleiter somit
bereits beim Tellerwäscher an Sprossenmangel leidet. Wer also
die klassische Karriere als Prominenter starten möchte und sich
derzeit auf dem Level des Tellerwäschers befindet, der sollte zumindest Omas feines Porzellan spülen und sinnbildlich etwas
Substanzielles mitbringen, um nachhaltig Karriere machen

zu können und als Prominenter Teil der Medienlandschaft zu werden.

Auch Schantall war eine Geblendete der derzeitigen Medienlandschaft und hätte sich durchaus vorstellen können, einmal als prominent betitelt Teil des ganzen Unterhaltungsapparates zu werden. Vom Tellerwaschen hielt sie indes genauso wenig wie vom steilen Aufstieg zur Millionärin in der Branche. Sie bevorzugte wohl eher den Karrieresprung vom Supermarkt zum Superstar. Wie praktisch also, dass es im deutschen Fernsehen Sendeformate gibt, die den Willen junger Pappteller, ein Superstar zu werden, in die Tat umsetzen und diesen Hinweis auch noch im Titel tragen. Dass in diesen Sendungen Hunderte Menschen, gleich welchen Schlages, aufeinandertreffen, bietet dem Publikum ein Erlebnis wie früher, wenn wieder mal ein Neuer in die Schulklasse kam. »Ma gucken, wie der so drauf is!«

Dass hier die natürliche Aussiebung anhand des Auftretens der jungen Garde bewertet wird, hier und da auch gesangliche Qualitäten den Ausschlag geben und diese dann für gut oder eben »hammermäßig scheiße« (Zitat: Dieter B. aus T.) befunden werden, steigert den Wettbewerbsgedanken. Um sich zum zukünftigen Prominentenkreis zählen zu können, ist es zunächst ratsam, sich diesem Kampf zu stellen und sich möglichst gut zu verkaufen, damit man vom Tellerwäscher zunächst mal auf das Level Spülmaschine springen kann. Zum Millionärsdasein ist es dann zwar noch ein weiter Weg, aber das Ansehen bei Millionen Teenies und Junggebliebenen steigt bereits immens.

Die Frage nach der sozialen Herkunft interessiert zwar unmittelbar in der Sendung niemanden, da hier ja, wie erwähnt, die Karriereleiter erklommen werden soll, aber Boulevardzeitungen nutzen eine neue Erscheinung am Medienhimmel gerne mal für kleine Randgeschichten aus naher Vergangenheit, in denen dann von Gesetzesverstößen, Gerichtsvollziehern und zerrütteten Familienverhältnissen die Rede ist. Die oft prekäre Vergangenheit lässt sich also auch für einen angehenden Prominenten nicht so einfach von der Backe putzen, wenn die Gazetten es nicht so wollen. So kann es passieren, dass sowohl Jugendliche als auch in die Jahre gekommene Prominenzanwärter eine zwielichtige Vergangenheit mit sich herumschleppen und diese zur Schau stellen, damit sie doch noch zum Superstar auf Zeit werden.

Ein Patentrezept für das Erklimmen der langen Leiter der medialen Öffentlichkeit, ohne irgendwo anzuecken oder durch seine Vergangenheit eingeholt zu werden, gibt es wohl nicht, da dafür jeder Mensch zu verschieden ist und die große weite Medienlandschaft zu viele Sendeformate bereithält. Fest steht auf jeden Fall, dass eine anhaltende Prominenz als begabter Nachwuchsschaupieler oder talentierte Nachwuchssängerin immer noch sinnvoller ist, als täglich als Crashkid oder U-Bahn-Schläger in den Gazetten dieses Landes zu erscheinen. Gleichwohl sollte die Medienlandschaft die Worte »prominenter Star« nicht mit dem Wort »Kindergeburtstag« gleichsetzen und an jeder Ecke versuchen, Hinz und Kunz aus dem Gebüsch zu ziehen, um sie medienwirksam durch die Manege zu treiben und anschließend wieder in das Wohngebiet abzuschieben, wo man sie einst ausgegraben hat.

Die Menschen, die sich in Deutschland zu den wirklich großen Stars und Prominenten zählen können und die auch zu Recht diesen Titel tragen, stammen alle aus unterschiedlichen Gesellschaftsschichten und sind aufgrund ihrer langjährigen Präsenz, die überhaupt erst den Titel »Star« rechtfertigt, längst von Herkunftsfragen und kleinkarierten Geschichten aus der Vergangenheit befreit. Nur wer neu in der Firma ist, wird genau beobachtet. Wer er ist, wo er herkommt und ob er was kann. Kann er sich qualitativ bei diesen drei Fragen gut behaupten und überzeugen, wird er auch sehr schnell der Star des Betriebs werden und seine Vergangenheit hinter sich lassen. Egal ob es sich um eine Schantall Pröllmann aus der sozialen Unterschicht oder um einen Doktor von und zu irgendwas handelt.

10. KAPITEL

DER WEDDING-PLAN

Die Welt ist schön! In der lästigen und unendlichen Werbepause zwischen den cineastischen Häppchen eines brutalen Horrorfilms wird uns gezeigt, dass anscheinend immer die Sonne scheint (nur nicht in den Werbespots für Hustenstiller, da regnet es grundsätzlich). Alle Leute sind fröhlich. Die Familie ist, inklusive dem rüstigen Großvater, komplett an der Kaffeetafel im großen Garten versammelt und alle Protagonisten der täglichen kommerzfördernden Kurzfilmchen sind irgendwie gut drauf, erfolgreich und frei von Sorgen und Nöten. Autoscheiben werden selbstverständlich kostenlos eingebaut, neue Autos können alles außer fliegen, und mit dem Saufen von Bier wird der Regenwald gerettet.

Auch das Fernsehprogramm am Sonntagabend sieht nicht anders aus. Malerische Landschaften in Südengland oder kleine verschlafene Schwedendörfchen, in denen es übrigens auch nie zu regnen scheint, suggerieren uns in Verbindung mit schmalzigen Schmonzettengeschichten Woche für Woche, dass die Welt frei ist von Kriegen, Hass und wirklich schlechten Nachrichten. Umso schöner mutet es dann noch an, wenn am Ende einer solch seichten Episode, bei der sich der vermögende schottische Falkner James Earlwood in die Vollwaisin Sophie Springbreak aus ärmlichen Verhältnissen verliebt, geheiratet wird und vor den Bildschirmen Hunderttausende Damen in den besten Jahren ihren Gatten bitten, mal die Turnierpackung Taschentücher aus der Küche zu organisieren. Irgendwie erwarten wir bei allem im Leben grundsätzlich ein Happy Ending.

Aber auch das reale Leben im Ruhrgebiet schreibt mitunter Geschichten, die zwar nicht an der romantischen Küste Südenglands spielen, sondern eher am Baggersee von Gelsenkirchen-Resse, die man aber auch als romantisch einstufen könnte.

Ich wurde gegen Ende meines ersten Jahres als Sozialarbeiter bei den Pröllmanns live Zeuge einer solchen Geschichte, die wohl auch gleichzeitig den Abschluss meiner Bemühungen darstellen sollte, die Pröllmanns nebst ihrer bezaubernden Tochter Schantall ein klein wenig auf den rechten Pfad der gesellschaftlichen Tugend zurückzuholen. Wie immer lief nicht alles ganz planmäßig und normal ab.

Doch der Reihe nach: Die Liaison zwischen meiner Protagonistin in Sachen sozialer Betreuung, Schantall, und ihrer Eroberung Cedrik, dem Sohn eines zwielichtigen, aber wohlhabenden Unternehmers, war nun gut und gerne drei Monate alt, was im Kosmos der Pröllmanns in etwa so viel hieß wie: »Die kennen sich schon ewig.« Ein guter Grund also, das zarte Pflänzchen der Zweisamkeit mit einer Hochzeit zum Mammutbaum mutieren zu lassen, um ähnlich wie beim Kinderkriegen in Schantalls Gedankenwelt der Norm einer Schicht zu folgen und sauberen Tisch in Sachen Familienfortführung zu betreiben. Cedrik wurde diesbezüglich eigentlich kaum gefragt, als mehr mit der Begründung dazu verpflichtet, dass man eine vernünftige Beziehung doch nur führen könne, wenn man sich dem Diktat der Ehe unterwerfe und von nun an als Ehepaar auftrete. Schantall war also in diesem Fall mehr die treibende Kraft als der zukünftig fingerberingte Cedrik.

Die zweite treibende Kraft, nun »die Kiste ma zuzumachen«, war Cedriks Vater Bernie »Fireman« Schwarzer, der den Beinamen »Fireman« trug, weil er immer da war, wo es umgangssprachlich brannte und man ihn brauchte. Dass er dabei die meisten Strohfeuer wohl unabsichtlich selbst legte, störte aber weder ihn noch sein kurioses Umfeld, das nicht selten aus albanischen Geschäftsleuten und goldbehangenen Größen aus dem horizontalen Gewerbe bestand. Schantall hatte bei der Wahl ihres zukünftigen Gatten und Begatters zwar eine latente Zielgenauigkeit an den Tag gelegt, um die aus »Firemans« Geschäften resultierenden Geldeinnahmen im Familienbudget demnächst auch für sich nutzen zu können, aber so richtig zufrieden war sie mit der unfreiwilligen Wahl ihres Schwiegervaters bisher nicht.

Das fing schon mit der Auswahl der Örtlichkeit an, in der die ganze Hochzeitssause an diesem beschaulichen Tag nun steigen sollte. Da ich als einer der Ersten in Schantalls Hochzeitspläne eingeweiht worden war, fühlte ich mich verpflichtet, ihr zumindest ratgebend zur Seite zu stehen, zumal ich persönlich das Thema Hochzeit beziehungsweise Hochzeitsplanung bereits hinter mich gebracht hatte und mich für diese Aufgabe auch aufgrund der Sichtung zahlreicher Folgen *Traumhochzeit* in den Neunzigerjahren gerüstet sah. Meine Empfehlung, die Hochzeit ortsnah in der städtischen Sonderschule zu feiern, da diese kostenfrei Räumlichkeiten für sozial schwachgestellte Brautpaare anbot, wurde jedoch schnell von Schantall zugunsten einer ordentlichen Megaparty im Vereinsheim der nahegelegenen Kleingartenanlage verworfen. Hier gab es schließlich eine eingebaute Zapfanlage und zudem war das Thema Geld dank »Fireman« nicht ganz so vorrangig. Nun gut, zwar nicht der Ort, der mir für eine stilechte Hochzeitsfeier als Erstes in den Sinn gekommen wäre, aber sicher keine schlechte Wahl, da man hier auch die achtzig geladenen Gäste gut bewirten konnte.

Es war gut eine Woche vor der Hochzeit, als mich Schantall auf dem Handy erreichte. Ich ließ mir von einer sympathischen Schneiderin die Beine meiner Anzughose kürzen, die zur Feier des Tages getragen werden sollte, aber im Laufe der Jahre etwas zu lang geworden war. Ich stellte fest, dass ich älter wurde und wohl schrumpfte. Es mochte aber auch damit zusammenhängen, dass ich den Anzug seit meinem Ausscheiden aus dem Kultur-büro nicht mehr angezogen hatte, weil ich mich seit Beginn meiner Tätigkeit als Sozialarbeiter eher mit dicken Pullis und Jeans kleidete.

Schantall teilte mir noch mal hocherfreut den genauen Termin beziehungsweise den Ablauf der Feierlichkeiten mit. Und während mir die Maßschneiderin versehentlich, aber so wie jedes Mal eine Nadel ins Bein drückte, glaubte ich meinen Ohren nicht zu trauen. Der »Fireman« hatte mal wieder einen Flächenbrand ausgelöst und die Planung der Hochzeit quasi unter seine Fittiche genommen. Statt des Vereinsheims in der Kleingartenanlage wurde vom Schwiegervater Bernie Schwarzer ein Saunaclub eines befreundeten Luden angemietet, inklusive dessen amerikanischen PS-Boliden für den standesgemäßen Transport des Brautpaares zum Etablissement sowie freier Whirlpoolbenutzung für alle Hochzeitsgäste. Ich fragte die Schneiderin, die sich nun gefühlte hundert Mal für den Nadel-stich entschuldigt hatte, ob sie auch Badeshorts kürzen würde, da ich dieses Bekleidungsutensil für die anstehende Hochzeits-feier wohl ebenfalls benötigte. Die junge Dame namens Fiffien (oder Vivien) schaute mich etwas irritiert an und lachte ver-legen.

Eine Hochzeitsfeier im Saunaclub. Mindestens die Häfte der ge-ladenen Gäste würde dem zwielichtigen Vorstadtgangstermilieu entstammen und mittendrin wären dann der große Zampano und offizielle Busunternehmer »Fireman« Schwarzer und der

Chaos-Brautvater Günther Pröllmann – alle zusammen in einem Wh_rlpool. Die Bilder, die sich bei dieser Vorstellung in meinen Kopf einbrannten, wurde ich den ganzen Tag nicht mehr los und sie erinnerten mich an den Satz: »... bis dass der Tod euch scheidet.« Ich hatte das »Jüngste Gericht« vor Augen und wusste, dass damit nicht der Kinderteller im Hochzeitsmenü gemeint war. Aber ich musste durch diese vermeintliche Puffsause nun durch, ganz gleich ob ich wollte oder nicht.

Schantall wählte für ihre Hochzeit ein sündhaft teures Hochzeitskleid aus, das selbstverständlich auch der Schwiegervater in spe berappte und diesmal nicht von einer Schauspielerin »geborgt« werden musste, sondern gekauft wurde.

Wenn Sie mal die Augen offen halten und Ihnen hier und da Brautpaare auf offener Straße oder in den Klatschspalten Ihrer Lieblingszeitschrift begegnen, werden Sie feststellen, welche unglaubliche Einfalt deutsche Bräute in Geschmacksfragen an den Tag legen können. Unzählige Farb- und Designvarianten für das Brautkleid werden begutachtet und anprobiert. Unzählige Frisurmöglichkeiten werden erörtert und der Konditor Ihres Vertrauens erlaubt es Ihnen, sich zwischen 127 verschiedenen Arten der Zubereitung der Hochzeitstorte entscheiden zu können.

Warum geschieht das alles? Warum entstehen in Deutschland ganze Messen, die sich nur dem Thema Hochzeit und der damit verbundenen Geldvernichtung beschäftigen? Diese Fragen kann man sich allerdings stellen, wenn man bedenkt, dass sich am Ende 99 Prozent aller deutschen Bräute für ein klassisches weißes Brautkleid entscheiden, sich eine Hochsteckfrisur klöppeln lassen und beim zuständigen Kuchenbäcker die weiße Buttersahnecremetorte mit drei Etagen bestellen, auf der oben das etwas misslungene Brautpaar aus Marzipan abgebildet ist.

Nach diesen Überlegungen überraschte es mich wenig, dass Schantall sich für ein weißes Brautkleid, eine Hochsteckfrisur und eine Sahnecremetorte mit drei Etagen und Marzipanbrautpaar entschied, zumal die Pröllmanns ja meistens mit der Masse mitschwammen und die ungewöhnliche Örtlichkeit der Feier schließlich schon genug Individualismus mit sich brachte.

Da eine Hochzeitsfeier für beide Familien, die aufeinandertreffen, aber oft auch die Möglichkeit ist zu demonstrieren, welche Gesellschaftsschicht beziehungsweise welcher Geldbeutel hier gerade feiert, bieten sich unendliche Möglichkeiten, die Sause finanziell ins Uferlose abdriften zu lassen. Grundvoraussetzung für eine möglichst opulente und ausschweifende Hochzeitsfeier ist erst einmal ein sogenannter Wedding-Planer, also eine Figur innerhalb oder außerhalb der Familie, die als Pseudoprofi dem Brautpaar klarmacht, was man am schönsten Tag des Lebens unbedingt dazubuchen muss.

»Dat is der Stefano, der is bei den Saunaclub Türsteher.« Schantall präsentierte mir den vom »Fireman« ausgesuchten Wedding-Planer, der mir als Freund der Familie angekündigt worden war und den ich nicht mal im Garten tot überm Zaun hätte hängen haben wollen: ein gut fünfzig Jahre altes Gesichtswrack mit vernarbter Glatze und befleckten Ledershorts! Dieser Frührentner ohne zusammenhängende Zahnreihen im Mund stellte sich mir als Stefano und Experte in Sachen Organisation vor. Stefano berichtete stolz von seinen Hilfsjobs als Pufftapezierer und Motorradmechaniker und gab an, sich nicht nur um das Köpfen von vierzig Flaschen Champagner mit einem Säbel kümmern zu wollen, sondern vom »Fireman« auch dazu verdonnert worden zu sein, den Saunaclub auf Vordermann zu bringen, damit die Hochzeitsgäste nicht versehentlich über ungeleerte Mülleimer neben den Matratzenlandschaften stolperten. Er wollte auch auf jeden Fall dafür sorgen, dass das Wasser im Whirlpool noch mal gewechselt wurde.

Schön, wenn man Personal hat, dachte ich mir, während wir am besagten Hochzeitstag alle bereit zur Abfahrt vor der Kirche standen und auf einen der zahlreichen Busse warteten, die zu »Firemans« Fuhrpark gehörten. Die kirchliche Zermemonie war recht unspektakulär verlaufen, da die meisten Anwesenden nach gut zwanzig Minuten eingenickt waren. Omma Helene schaffte es nicht, den wieder mal plärrenden Urenkel Tschastin in den Schlaf zu schütteln, und ich war nebst Busenfreundin Cheyenne und Bruder Jason auf der Kirchenbank bemüht, ohne Brille zu erkennen, welches Lied im Gesangsbuch gerade angeschlagen wurde, sodass im Prinzip nur beim allseits bekannten Refrain »Halleluja« lautstark mitgeschallert wurde.

Der Ausmarsch aus der Kirche hatte dagegen wieder etwas sehr Besinnliches an sich, da Unmengen an Reis flogen, was ja symbolisch dem Brautpaar zu Fruchtbarkeit verhelfen und zur raschen Familiengründung beitragen soll. Ich hätte den symbolischen Wurf von Rosen, als Blumen der Liebe, bevorzugt, da das Thema Fruchtbarkeit und Fortpflanzung in Familien wie den Pröllmanns vielleicht nicht noch mehr strapaziert werden sollte. Aber der Reis war am vorangegangenen Wochenende im Discounterangebot und da konnte Wedding-Planer Stefano nicht widerstehen, gleich eine ganze Papppalette voll käuflich zu erwerben. Stefano hatte ohnehin die Angewohnheit, den ganzen Ablauf der Hochzeit finanziell zu bewerten und jedem Hochzeitsgast detailliert mitzuteilen, wie teuer doch alles war. Eine Angewohnheit, die ihm selbstverständlich ganz dezent der »Fireman« aufgetragen hatte, damit auch jeder erkennen konnte, wie viel doch der Vater des Bräutigams in die Feier investiert hatte. Auf dicke Hose machen war eine der Lieblingsbeschäftigungen von Bernie Schwarzer. Dass wahre Größe bei einem Mann aber immer oben gemessen wird und nicht im Bereich der Hose, war ihm egal.

Günther Pröllmann überbrückte die Wartezeit auf den Reisebus mit der Spielerei an seinem Flachmann und freute sich ebenso wie Sohn Jason darauf, den Saunaclub gleich hochprozentig einweihen zu können.

Bevor der Bus vor der Kirche vorfuhr, packte »Fireman« Schwarzer für das Brautpaar noch mal das ganz große Besteck aus und ließ einen 432 PS starken Chevrolet Camaro vorfahren, in dem Jason nun das Brautpaar möglichst unfallfrei zum Saunaclub kutschieren sollte. Der Clou waren zwei von Stefano organisierte Damen aus dem Saunaclub, die als Polizistinnen verkleidet auf zwei dicken Goldwings eine Art Motorradeskorte symbolisieren sollten. Die Damen wurden allerdings, wie man mir nachher erzählte, direkt an der ersten Kreuzung von zwei echten Polizisten gestoppt und nur nach Bekanntgabe der Wegbeschreibung zum Saunaclub vor einer Anzeige wegen Amtsanmaßung bewahrt.

Der vollkommen in weißen Tüll gehüllte Camaro brauchte für die Strecke zum Saunaclub dank Jason nur knappe zehn Minuten, da trotz Berufsverkehr die rechtsseitige Busspur freie Fahrt garantierte und die kirschgrüne Ampelphase heute zur Feier des Tages etwas lockerer bewertet wurde. Als wir mit dem Reisebus gut fünfzehn Minuten später ebenfalls am Saunaclub eintrafen, begrüßte uns dort der Inhaber des Clubs in Anwesenheit von zwölf jungen Damen, die man auch als gelungenes und sehr erotisches Ergebnis des Ost-West-Paktes hätte bezeichnen können und die uns mit einem rosafarbenen Sektglas empfingen, in dem sich eine undefinierbare hochprozentige klebrige Brause befand. Als dann auch noch »Fireman« Schwarzer eintraf, war das Hallo zwischen ihm und dem Saunaclubbesitzer natürlich groß. Nun war sie also komplettt versammelt, die ganze Hochzeitsbagage nebst den beiden Familienstämmen, dem Wedding-Planer-Team um den Saunaclubluden Dr. Drago und seinem treuen Schergen Stefano sowie den osteuropäischen Hühnern, die für das nötige Gegacker im Stall sorgen sollten.

Da ich das Hochzeitskleid von Schantall bereits beschrieben habe, möchte ich Ihnen die Kleiderwahl der weiteren anwesenden Gäste nicht vorenthalten und beginne mit dem Brautvater Günther. Günther fiel an diesem Tag aufgrund seiner extravaganten Eleganz ganz besonders aus dem Rahmen. Der Hochzeitsanzug im Keller seiner Wohnung, der einst Teil seiner eigenen Hochzeit vor vielen Jahren gewesen war und der nach einem Brand im Nachbarkeller wie ein schwefelhaltiger Vulkankrater auf Island roch und obendrein wie mein alter Anzug etwas aus der Form geraten war, da die kleinen Tierchen namens Kalorien auch bei Günther im Laufe der Jahre heimlich die Hosen etwas enger genäht hatten, war also nicht mehr zu verwerten. Ein modischer Kosmoprolet wie Günther ließ sich aber von solchen Lappalien nicht aus der Ruhe bringen und so griff er für den feierlichen Anlass zielsicher zu seiner Westernuniform, die er extra anlässlich des Truck-Stop-Konzertes im Jahr 1996 käuflich in Holland erworben hatte: Ein weißes Rüschenhemd in Verbindung mit einer kleinen Schleife aus Lederbändern am Hals und eine hautenge schwarze Lederhose machten ihn zum Star des Events. Die streng mit Pomade zur Seite gekämmten Haupthaare gaben dem Ganzen dann anstelle des Cowboyhutes die nötige Hochzeitseleganz und ließen in Günther das Gefühl aufkommen, wie J. R. Ewing die ganz große Keule schwingen zu können.

Sohn Jason entdeckte für die Hochzeitsfeier sein gutes altes Marken-T-Shirt wieder, auf dem auf der gesamten Brustfläche die hoffentlich nicht ernst gemeinte Aufschrift »BOSS« unübersehbar zu lesen war. In Kombination mit einer schwarzen

Jeans und einem viel zu großen Jackett wirkte er förmlich wie nie. Diese Kombination erwartete man eigentlich sonst nur bei Gerichtsverhandlungen des Jugendgerichts, bei denen die 17-jährigen Angeklagten demonstrieren wollten, aus welch gepflegten Familienverhältnissen sie doch stammten.

Mutter Hilde und auch Freundin Cheyenne glänzten aufgrund des pünktlichen Versandes der im Teleshopping bestellten Abendkleider heute mal wie neu und das in Größe 54. Dem Shoppingsender PVC sei Dank. Nur die von Cheyenne unter dem Kleid gewählten Sneakers in Hellrosa gaben dem Ganzen dann doch wieder die Mallorca-Note und wirkten nicht gewollt frech, sondern eher ungewollt sportlich und somit eher Cheyenne-untypisch.

Den Vogel abgeschossen an diesem Feiertag hat aber, wie sollte es auch anders sein, der Vater des Bräutigams Bernie, der »Fireman«. Er trug einen weißen Samtanzug in Kombination mit weißen Lackschuhen und einer ebenfalls weißen und fast komplett um den Kopf wandernden Sonnenbrille im Pornolook und dazu ein mintgrünes Seidenhemd mit lilafarbener Krawatte. Da konnte selbst Günther Pröllmann mit seinen hellbraunen Wildlederslippern mit Fransen oben drauf nicht gegen anstinken. Der »Fireman« wusste halt, wie es in seinen Kreisen läuft, und so war er es auch, der es sich nach einem gelungenen Mittagsmenü im Sternehaus Dr. Drago Saunaclub nicht nehmen ließ, eine kleine Rede zu halten, in der zum Schluss nicht nur die Whirlpoollandschaft freigegeben, sondern auch allen Anwesenden frische Bademäntel zugeteilt wurden.

Ich traute weder meinen Ohren noch meinen Augen, als nahtlos an die doch recht feierlich arrangierte Hochzeitstafel, an der ich eben noch hochpolitische Gepräche über den angestrebten EU-Beitritt Albaniens geführt hatte, plötzlich die Discobeleuchtung anging und Wedding-Planer Stefano die

Party für eröffnet erklärte. Die anwesenden tschechischen Amüsiertrinen schüttelten Champagnerflaschen und sowohl die in Badefummel gepackten Dekolletés als auch die Musik aus den Boxen sorgten nun für ein lustiges Waka Waka. Bernie Schwarzer war der Erste, der in voller Montur in den Whirlpool sprang und dabei Mutter Pröllmann samt Abendkleid gleich mitriss. Günther Pröllmann erinnerte sich im Angesicht von Cheyenne an den etwas aus der Mode gekommenen Lambada und Sohn Jason tätschelte bereits hackevoll an zwei Hausdamen aus der Ukraine herum. Ich hielt dem Ganzen ungefähr zehn Minuten stand, als ich da etwas verloren auf meinem Barhocker an der Theke saß und ich Stefano ganz dezent aus dem Mundwinkel fragte, ob das hier sonst auch so aussehe. Das krampfhaft festgehaltene Glas Bitter Lemon schützte mich aber letztlich nicht davor, irgendwann im Laufe des Abends von Schantall gepackt und ebenfalls dazu genötigt zu werden, einen weiteren Whirlpool mit osteuropäischen Austauschschülerinnen zu besteigen.

Ich glaube, das war auch der Punkt, an dem bei mir zum ersten Mal alle Dämme brachen und ich mich der prolligen, aber durchaus amüsanten Atmosphäre definitv nicht mehr entziehen konnte. Ich wurde sogar fast zum Star des Abends, als ich im Gegensatz zu den anderen meine in weiser Voraussicht angezogenen Badeshorts zur Schau stellte, die unter meiner Anzughose nun zum Vorschein kamen. Als Einziger konnte ich nun also in eleganter Badebekleidung den Abend für lau in diesem Saunaclub verbringen und mir oberprollig vom »Fireman« eine Zigarre in den Whirlpool reichen lassen, während ich mir Gedanken darüber machte, ob man solche Abende zukünftig als berufliche Belastung steuerlich absetzen könne.

Wir feierten bis circa acht Uhr morgens und wenn nicht irgendwann auch die letzte Flasche Puffbrause leer gewesen oder die letzte Bardame eingenickt wäre, würden wir heute noch feiern. Prollig, laut, albern, aber auch hammermäßig gut und lustig.

Am nächsten Morgen erwachte ich mit einem Brummschädel, der sich anfühlte, als hätte ich tagelang Abbrucharbeiten ohne Werkzeug und mit verbundenen Händen getätigt. Mir war die Funktionsweise eines schwarzen Lochs im Universum immer so erklärt worden, dass dort alles drin verschwand und nie mehr zurückkehrte. Da ich das bisher nur von den Socken in meiner Waschmaschine und dem unaufgeräumten Kinderzimmer meiner Töchter kannte, fragte ich mich, ob die lückenhafte Erinnerung an diesen feuchtfröhlichen Abend wieder zurückkommen würde oder nicht. Ich gab meiner Frau verkatert zu Protokoll, dass es eine sehr stilvolle und für Pröllmann'sche Verhältnisse bescheidene Hochzeitsfeier gewesen war, und begründete die Kopfschmerzen mit einer anstehenden Erkältung, die ich mir wohl in der zugigen Kirche eingefangen haben musste. Zugegeben, eine kleine Notlüge. Aber hätte ich meiner Frau erzählen sollen, dass die Kopfschmerzen vom Saufen billiger Puffbrause im Feiertaumel mit prolligen tschechischen Spaßdamen im Whirlpool eines siffigen Saunaclubs kamen?

Ich schaute an diesem etwas verkorksten Sonntag in den Spiegel bei mir im Badezimmer. Aber solange ich auch schaute, ich erblickte einfach nicht das zauberhafte Rotkäppchen, sondern immer nur den bösen Wolf mit dem Schild auf der Stirn: Nie wieder Alkohol!

Trotz dieses merkwürdigen Verlaufs der Hochzeitsfeier der Schantall Pröllmann ging mir an diesem komatösen Sonntag zum zweiten Mal nach dem Kirmesritt der Gedanke durch den Kopf, dass mir das Schicksal gar keinen so üblen Streich gespielt hatte, als ich meinen Arbeitsplatz im Kulturbüro verlassen musste, um den Sozialarbeiter zu mimen. In keinem anderen

Betätigungsfeld meiner Berufslaufbahn habe ich in so kurzer Zeit derart viel Abwechslung, Spaß und außergewöhnliche Situationen erlebt wie in in diesem Jahr als Sozialarbeiter.

Meine Entscheidung, diese Aufgabe weiterzuverfolgen und unbeirrt daran zu arbeiten, die Pröllmanns und auch andere Familien auf eine gesellschaftlich und sozial adäquatere Bahn zu hieven, war also bereits sehr früh gefallen und hat sich seitdem auch nicht geändert. »Mein Platz ist auf der Straße«, hört sich etwas abgedroschen und merkwürdig an, verdeutlicht aber, dass es da draußen wahrlich viel Arbeit gibt, wenn man der sozialen und oft bildungsfernen Unterschicht auf die Sprünge helfen will, damit der Hopfen und das Malz nicht noch mehr verloren gehen.

Dabei geht es mir nicht so sehr um wirtschaftliche Armut, die eigentlich kaum existenbedrohend vorhanden ist und die diesen Familien und Individuen immer wieder nachgesagt wird. Es ist mehr die niveauarme Alltagskultur, die ich als Verfechter des guten Geschmacks verbessern möchte.

Wohin der Weg der Schantall und ihrer liebenswerten und leicht chaotischen Familie, den Pröllmanns, führen wird, bleibt wohl zunächst mal abzuwarten. Fest steht aber, dass das Umfeld, in dem sich Schantall seit vielen Jahren bewegte, ein stetig wachsendes ist, sodass mir Arbeit und amüsante Situationen sicher nicht ausgehen werden und diese mich unter Umständen auch dazu bewegen könnten, ein weiteres Jahr bei den Pröllmanns schriftlich festzuhalten. Wir können uns diesem Milieu nicht verschließen, da jeder Einzelne aktiv oder passiv tagtäglich daran teilhat.

DANKE

… schön, dass Sie es bis hierher geschafft haben. Um Schantall, Tschastin, Cheyenne, Jason und alle ähnlich gepolten Wesen nicht mit dieser Formalie zu langweilen, möchte ich mich in Sachen Danksagung kurz halten.

Ein herzliches Danke also an Sabine, Christine, Herbert, Marc, Gesa, Oliver, Ulrike, Margret, Karl-Heinz, Claudia, noch mal Oliver, Pati, Roland, Tini, Dirk, Kari und Andreas für Geduld, Vertrauen, Mut, Zuversicht, Trost, Fleiß, Interesse, Neugier, Überraschung, Freude, Gagideen und erbarmungslose Kritik.

Ein ganz spezielles Danke an alle Cindys, Mandys, Jacquelines, Dustins und Schanias sowie alle anderen bekennenden Kevinisten für die grandiose Inspiration zu diesem Buch.

Mailen Sie mir! Ich freue mich über ehrliche, aber faire Meinungen unter *kai@twilfer.de*

Und suchen Sie mich nicht bei Facebook oder Twitter!

Ihr
Kai Twilfer

KAI TWILFER

Schantall tut

LIVE!

Die Comedy-Tour

SPIEGEL
Bestseller
Autor

112 GRÜNDE, DIE FEUERWEHR ZU LIEBEN

EIN BLICK H NTER DIE KULISSEN EINER GESCHICHTSTRÄCHT GEN UND MODERNEN
INSTITUTION UND EINE LIEBESERKLÄRUNG AN DIE SYMPATHISCHEN LEBENSRETTER

112 GRÜNDE, DIE FEUERWEHR ZU LIEBEN
EINE HOMMAGE AN EINE GANZ BESONDERS HEISSE INST TUTION
Von Jörg Nießen
224 Seiten, Taschenbuch
ISBN 978-3-86265-197-9 | Preis 9,95 €

Auch wenn jedes gelöschte Feuer und jede gerettete Katze ein Grund für sich wären, die Feuerwehr zu lieben, beschränkt sich Jörg Nießen aus gegebenem Anlass auf 112 Gründe, um der Liebe zu seinem Beruf Ausdruck zu verleihen. Als aktiver Berufsfeuerwehrmann kennt er alle Facetten seines Berufs und weiß, warum er ihn als Berufung sieht, er weiß aber auch, wo manchmal der Feuerwehrstiefel drückt.

Mal sachlich, mal humorvoll, bisweilen aber auch selbstironisch und zweideutig liefert er in seinem neuen Buch »112 Gründe, die Feuerwehr zu lieben« Argumente, die die Zuneigung zu dieser traditionsreichen Institution und ihren Vertretern erklären. Wer möchte nicht erfahren, warum die Feuerwehr manchmal zum Kindergarten mutiert oder warum Feuerwehrmänner Astronauten als Liebhaber grundsätzlich vorzuziehen sind?

KAI TWILFER, 1976 in Gelsenkirchen geboren, studierte Wirtschaftswissenschaften in Bochum. Noch während des Studiums gründete er eine Produktionsfirma für Werbefilme und arbeitete unter anderem beim WDR-Fernsehen. 2002 gründete er »Industriekult«, einen Großhandel für Regionalia, mit dem er im Ruhrgebiet selbstständig ist. Kai Twilfer ist verheiratet und widmet einen Großteil seiner Zeit der Beobachtung und Analyse skurriler Alltagsphänomene.

Foto: © Dirk Scassel

Kai Twilfer
SCHANTALL, TU MA DIE OMMA WINKEN!
Aus dem Alltag eines unerschrockenen Sozialarbeiters
Mit Illustrationen von Susanne Granas

ISBN 978-3-86265-219-8
© Schwarzkopf & Schwarzkopf Verlag GmbH, Berlin 2013

1. Auflage	Februar 2013
2. Auflage	März 2013
3. Auflage	März 2013
4. Auflage	März 2013
5. Auflage	April 2013
6. Auflage	Mai 2013
7. Auflage	Juni 2013
8. Auflage	Juli 2013
9. Auflage	August 2013
10. Auflage	August 2013
11. Auflage	September 2013
12. Auflage	November 2013
13. Auflage	Dezember 2013
14. Auflage	Januar 2014
15. Auflage	März 2014
16. Auflage	Mai 2014
17. Auflage	August 2014

Lektorat: Ulrike Thams | Titelbild Frauenmotiv: © Piotr Marcinski | Hintergrundbild Hochhaus: © mato | Kinderwagenmotiv: © studio BM – Alle Bilder: © shutterstock.com

KATALOG
Wir senden Ihnen gern kostenlos unseren Katalog
Schwarzkopf & Schwarzkopf Verlag GmbH / Abt. Service
Kastanienallee 32 | 10435 Berlin
Telefon: 030 – 44 33 63 00 | Fax: 030 – 44 33 63 044

INTERNET | E-MAIL
www.schwarzkopf-schwarzkopf.de
info@schwarzkopf-schwarzkopf.de